AF166464

Eine kurze Geschichte der Unternehmensbewertung

Stefan Behringer

Eine kurze Geschichte der Unternehmensbewertung

Die Entwicklung der Methoden und Implikationen für die Zukunft

Springer Gabler

Stefan Behringer
Rotkreuz, Schweiz

ISBN 978-3-658-28702-3   ISBN 978-3-658-28703-0 (eBook)
https://doi.org/10.1007/978-3-658-28703-0

Die Deutsche Nationalbibliothek verzeichnet diese Publikation in der Deutschen Nationalbibliografie; detaillierte
bibliografische Daten sind im Internet über http://dnb.d-nb.de abrufbar.

Springer Gabler
© Springer Fachmedien Wiesbaden GmbH, ein Teil von Springer Nature 2020
Das Werk einschließlich aller seiner Teile ist urheberrechtlich geschützt. Jede Verwertung, die nicht ausdrücklich
vom Urheberrechtsgesetz zugelassen ist, bedarf der vorherigen Zustimmung des Verlags. Das gilt insbesondere
für Vervielfältigungen, Bearbeitungen, Übersetzungen, Mikroverfilmungen und die Einspeicherung und Verar-
beitung in elektronischen Systemen.
Die Wiedergabe von allgemein beschreibenden Bezeichnungen, Marken, Unternehmensnamen etc. in diesem
Werk bedeutet nicht, dass diese frei durch jedermann benutzt werden dürfen. Die Berechtigung zur Benutzung
unterliegt, auch ohne gesonderten Hinweis hierzu, den Regeln des Markenrechts. Die Rechte des jeweiligen
Zeicheninhabers sind zu beachten.
Der Verlag, die Autoren und die Herausgeber gehen davon aus, dass die Angaben und Informationen in diesem
Werk zum Zeitpunkt der Veröffentlichung vollständig und korrekt sind. Weder der Verlag, noch die Autoren oder
die Herausgeber übernehmen, ausdrücklich oder implizit, Gewähr für den Inhalt des Werkes, etwaige Fehler oder
Äußerungen. Der Verlag bleibt im Hinblick auf geografische Zuordnungen und Gebietsbezeichnungen in veröf-
fentlichten Karten und Institutionsadressen neutral.

Springer Gabler ist ein Imprint der eingetragenen Gesellschaft Springer Fachmedien Wiesbaden GmbH und ist
ein Teil von Springer Nature.
Die Anschrift der Gesellschaft ist: Abraham-Lincoln-Str. 46, 65189 Wiesbaden, Germany

Vorwort

Unternehmensbewertung ist ein Thema, das mich von Anfang an bei meiner Beschäftigung mit betriebswirtschaftlichen Fragestellungen fasziniert hat. An der Universität zu Köln wurden mir im Treuhandseminar in meinem Studium von Günter Sieben, einem der Begründer der Kölner Funktionenlehre, die Grundlagen dieses Wertparadigmas in den Vorlesungen erläutert. Meine Promotion an der Universität Flensburg befasste sich dann mit der Unternehmensbewertung bei kleinen und mittleren Unternehmen. Das zugehörige Buch hat eine außerordentlich weite Verbreitung in der Praxis gefunden und ist inzwischen in deutlich veränderter Form in fünfter Auflage erschienen. Auch in der Praxis befasste ich mich ausführlich mit Fragen der Unternehmensbewertung. Als Verantwortlicher für das Controlling habe ich bei einem großen internationalen Konzern viele Gutachten erstellt bzw. erstellen lassen. Eine Erfahrung, die man jedem, der sich an Hochschulen mit dem immer jungen Thema Unternehmensbewertung auseinandersetzt, nur empfehlen kann: Man lernt die tatsächlichen – nicht die theoretischen – Probleme der Unternehmensbewertung gut kennen. Zwischen beiden Problemkreisen gibt es erhebliche Diskrepanzen. Wieder in die akademische Welt zurückgekehrt – jetzt als Hochschullehrer –, befasse ich mich mit Einzelfragen der Unternehmensbewertung und bin hier und da auch gutachterlich tätig. Diese umfangreichen Erfahrungen sowie die Lektüre von immer neuen Veröffentlichungen haben mich veranlasst, dieses Buch zu schreiben: Ein kurzer Abriss der Geschichte der Unternehmensbewertung. Dies kann nur in Auszügen gelingen, nicht alles kann gewürdigt werden, nicht jeder Bereich erwähnt werden.

Von der Idee bis zum fertigen Buch dauerte diese Arbeit sehr lange. Immer wieder bin ich bei der Lektüre von Werken zur Geschichte der Betriebswirtschaftslehre auf Quellen gestoßen, die zu würdigen sind. Insbesondere die Werke von Dieter Schneider waren dabei Inspiration, ohne der Hybris zu unterliegen, auch nur annähernd an die Qualität und profunde Belesenheit dieses Autors heranzukommen. Sicherlich werden Kritiker vieles vermissen, was es wert gewesen wäre, erwähnt zu werden. Dies liegt in der Natur der Sache: Seitdem es Unternehmen gibt, was seit mehr als 2000 Jahren der Fall ist, werden Unternehmensbewertungen gebraucht, interessieren sich Unternehmer für den Wert ihres Unternehmens.

Ich bedanke mich bei allen, die zu dem Gelingen dieses Buches beigetragen haben. Dem Springer Verlag danke ich für die verlegerische Betreuung. Gewidmet ist dieses Buch meiner Tochter Mathilda Luise, die ich sehr liebe.

Rotkreuz, Schweiz   Stefan Behringer

Inhaltsverzeichnis

Abkürzungsverzeichnis

Abb.	Abbildung
Abs.	Absatz
ADHGB	Allgemeine Deutsche Handelsgesetzbuch
BGB	Bürgerliches Gesetzbuch
BGH	Bundesgerichtshof
BilMoG	Bilanzrechtsmodernisierungsgesetz
ca.	circa
CAPM	Capital Asset Pricing Model
DCF	Discounted Cashflow
EDF	Électricité de France
EG	Europäische Gemeinschaft
Et al.	Et alii
FAS	Statement of Financial Accounting Standards
FAUB	Fachausschuss für Unternehmensbewertung und Betriebswirtschaft
GoB	Grundsätze ordnungsmäßiger Buchführung
HFA	Hauptfachausschuss
HGB	Handelsgesetzbuch
IAS	International Accounting Standard
IASB	International Accounting Standards Board
IDW	Institut der Wirtschaftsprüfer
IFRS	International Financial Reporting Standards
IVSC	International Valuation Standards Council
MBA	Master of Business Administration
MIT	Massachusetts Institute of Technology
OLG	Oberlandesgericht
SEC	Securities and Exchange Commission
SFAC	Statement of Financial Accounting Concepts
UEC	Union Europeénne des Experts Comptables, Economique et Financiers
US GAAP	Generally Accepted Accounting Principles in den USA
Vgl.	vergleiche
WACC	Weighted Average Cost of Capital

Einleitung

1.1 Der Sinn der Ideengeschichte für die Unternehmensbewertung

In seiner akademischen Antrittsrede als Professor an der Universität Jena hat sich der Dichter Friedrich Schiller mit der Frage befasst „Was heißt und zu welchem Ende studiert man Universalgeschichte?". Er sieht einen Gegenwartsbezug in der Beschäftigung mit der Geschichte: „Aus der ganzen Summe dieser Begebenheiten hebt der Universalhistoriker diejenigen heraus, welche auf die heutige Gestalt der Welt und den Zustand der jetzt lebenden Generation einen wesentlichen, unwidersprechlichen und leicht zu verfolgenden Einfluß gehabt haben." (Schiller 2017). Dies gilt auch für die Beschäftigung mit der Ideengeschichte. Wie die Ideen entstanden sind, hat eine Bedeutung für die Methoden und Konzepte, die heute Anwendung finden. Sie sind nur vordergründig ohne die Kenntnisse der Vergangenheit zu verstehen.

Es stellt sich die Frage, inwiefern sich insbesondere die Wirtschaftswissenschaften mit der Geschichte ihres Fachs beschäftigen sollten. Joseph A. Schumpeter (1883–1950) gibt in seiner postum von seiner Witwe veröffentlichten unvollendet gebliebenen Geschichte der ökonomischen Analyse drei Gründe an, warum sich insbesondere Ökonomen mit der Geschichte ihres Faches beschäftigen sollten (vgl. Schumpeter 2009, S. 32 ff.):

1. **Pädagogischer Gewinn:** Für Studierende und Lehrende ist es nicht möglich, die Richtung einer Wissenschaft zu erfahren und die Schwierigkeiten bei den wissenschaftlichen Erkenntnissen zu erkennen, da der Kontext der Theorien (z. B. die aktuellen Bedingungen in Politik und Wirtschaft) nicht mehr beachtet werden kann.

2. **Einblick in die Wege menschlichen Geistes:** Die Gedankenwelten und geistigen Höhenflüge der Vergangenheit erweitern den eigenen Geist. Man lernt auch wie man nicht

© Springer Fachmedien Wiesbaden GmbH, ein Teil von Springer Nature 2020
S. Behringer, *Eine kurze Geschichte der Unternehmensbewertung*,
https://doi.org/10.1007/978-3-658-28703-0_1

vorgehen darf, da man Irrwege der Vergangenheit erkennen kann. Im Gegensatz dazu zeigt sich, welche Strategien in der Wissenschaft erfolgsversprechend sein können.

3. **Neue Anregungen:** In den Wirtschaftswissenschaften gibt es keinen eindeutigen Stand der Wissenschaften, wie es ihn in den Naturwissenschaften gibt. Daraus ergibt sich auch, dass der Wirtschaftswissenschaftler aus der Beschäftigung mit der Vergangenheit mehr Anregungen erhält als der Naturwissenschaftler, da letzterer genau weiß, dass der heutige Stand der Forschung alles Wichtige seiner Vorgänger enthält. Außerdem – dieses Argument ist sehr ähnlich mit dem ersten – ist die wirtschaftswissenschaftliche Theoriebildung sehr eng mit den Bedingungen der Zeit verbunden.

Schumpeter war Sozialwissenschaftler, der Ökonomie immer im Zusammenhang mit den anderen Sozialwissenschaften sah. Zudem war der Österreicher sowohl in Deutschland (an der Universität Bonn) als auch in den USA, deren Staatsbürgerschaft er annahm, an der Harvard University tätig. Sein reichhaltiger Hintergrund, der ihn prädestinierte, sein bis heute als Referenzwerk verwendetes Buch zu schreiben, verband die Tätigkeit als Spekulant (der in der Weltwirtschaftskrise sein Vermögen verlor), als Politiker (als Staatssekretär der Finanzen der österreichischen Regierung nach dem 1. Weltkrieg) mit den akademischen Tätigkeiten (vgl. Swedberg 1991).

Ein weiterer Punkt, der für eine Beschäftigung mit der historischen Entwicklung eines Fachgebiets spricht, ist die Wiederentdeckung von eigentlich bekannten Theorien. So sind in der Geschichte der Wirtschaftswissenschaften häufig Theorien nach Jahrzehnten wiederentdeckt worden, die dann mit neuer – häufig englischsprachiger – Terminologie unter anderen Namen als Innovation vorgestellt worden sind (vgl. Schneider 1984). Dadurch werden betriebswirtschaftliche Entscheidungen schlechter getroffen, als es eigentlich notwendig gewesen wäre, wenn man sich mit der Geschichte des Fachs befasst hätte. Vorgeblich moderne Verfahren hätten schon lange zum Nutzen der Unternehmen eingesetzt werden können.

Insgesamt kann man also konstatieren, dass eine unhistorische Herangehensweise zu Defiziten in wissenschaftlichen Disziplinen führen kann. Allerdings muss man auch bei einer historischen Analyse Quellen adäquat verwenden, also so dass die Prämissen aber auch die zeitlichen Umstände gewürdigt werden (Brockhoff 2016, S. 635).

Die Prämissen der klassischen Autoren werden in den folgenden Ausführungen berücksichtigt. Die Entwicklungsschritte, die zu den heute gängigen Methoden der Unternehmensbewertung geführt haben, stehen im Mittelpunkt. Dabei soll immer ein Blick darauf gerichtet sein, welche neuen Erkenntnisse man aus der Entwicklungsgeschichte ziehen kann. Zukunftsperspektiven der Unternehmensbewertung bilden den Abschluss dieses Buches. Ergibt sich aus den vorherigen Ausführungen etwas, das der Lösung dient, aber bislang noch nicht wiederentdeckt worden ist, soll dies seinen Niederschlag in den Diskussionen finden. Die Geschichte der Unternehmensbewertung ist von Irrwegen und Umwegen geprägt. Manche dieser Irrläufer tauchen immer mal wieder auf. Der Blick in diese Irrungen und Wirrungen soll also auch ermöglichen, Fehler zu vermeiden, die mit eigentlich verworfenen Methoden, die aber eine unmittelbare Attraktivität haben, verbunden sind.

Trotz all dieser Vorteile der Auseinandersetzung mit der Geschichte darf man die Beschäftigung mit der Geschichte nicht zu weit treiben. Friedrich Nietzsche führt in seinem Werk „Vom Nutzen und Nachteil der Historie für das Leben" aus: „Dass das Leben aber den Dienst der Historie brauche, muss ebenso deutlich begriffen werden als der Satz, der später zu beweisen sein wird – dass ein Uebermaass der Historie dem Lebendigen schade." (Nietzsche 1980, S. 258). Aus diesem Grund haben alle Ausführungen immer einen Bezug zur gegenwärtig vorwiegend angewandten Methode und geben Hinweise auf Entwicklungsschritte und Abweichungen zu alten Lehrmeinungen.

1.2 Ein Überblick über wirtschaftswissenschaftliche Werttheorien

Unternehmen müssen bewertet werden. Dabei bedarf es Werten, die in Geld ausgedrückt werden. Dies wäre nicht notwendig, in einer autonomen Wirtschaft, die ohne Beziehungen zu anderen auskommen würde. Robinson Crusoe auf seiner einsamen Insel muss sich bei seinen ökonomischen Entscheidungen nicht damit auseinandersetzen, was etwas in Geldeinheiten wert ist. Eine Bewertung kann allein mental in seinem Kopf stattfinden, da es keine Opportunitätskosten des Geldes gibt: das Geld kann gar nicht anders ausgegeben werden, da es keines gibt (Herbener und Rapp 2016, S. 7). Durch die Arbeitsteilung in der modernen Volkswirtschaft wird nicht alles selbst produziert, stattdessen dient Geld als Tauschmittel, was praktisch Surrogat ist für die Eigenproduktion von Gütern. Da man jeden Euro nur einmal ausgeben kann, muss sich der homo oeconomicus, der rational handelnde Mensch, jeweils für das Optimum entscheiden.

1.2.1 Die Objektive Wertlehre in der Ökonomie

Wert ist einer der Kernbegriffe der Ökonomie. Viele große Ökonomen haben sich im Laufe der Wissenschaftsgeschichte mit dem Begriff und seiner Messung auseinandergesetzt. Werttheorien gibt es mithin viele. Grundsätzlich kann man unterscheiden, ob ein Wert objektiv zu bestimmen ist, d. h. es handelt sich um eine Eigenschaft eines Objekts, die diesem anhaftet. Oder man geht davon aus, dass der Wert eines Objekts subjektiv ist, d. h. er entsteht durch das Individuum für den dieser Wert bestimmt wird. Der Unterschied besteht darin, dass objektive Werte nach den objektiv nachvollziehbaren Entstehungsbedingungen (z. B. dem Einsatz von Arbeit zur Produktion) entstehen. Subjektive Werte entstehen durch die Präferenzen der Entscheidungsträger für die der Wert bestimmt wird.

Die grundlegende Unterscheidung zwischen Gebrauchs- und Tauschwert geht auf Aristoteles (384–322 v. Chr.) zurück. Aristoteles, Lehrer des Alexander des Großen, prägte die Wissenschaften auf vielen Gebieten. Der Wirtschaftswissenschaften gab er den Namen Ökonomie (deutsch: Haushalt). Der Gebrauchswert kann nach Aristoteles als Objekt-Objekt-Beziehung verstanden werden. Dieser drückt den objektiv fassbaren Nutzen eines

Gutes aus, einen bestimmten Zweck zu erfüllen (vgl. Ott 1997, S. 21 f.). Allerdings kann der Nutzen auch subjektiv sein: So findet der Golfspieler einen Golfschläger nützlich, Menschen ohne Interesse an diesem Sport finden ihn nutzlos. Trotzdem gibt es einen gemeinsamen Maßstab aller Güter. Dieser wird nach Aristoteles von den Bedürfnissen der Menschen bestimmt. Vermittler zwischen den Bedürfnissen und den Gütern ist die „Münze" (Aristoteles 2017). Dies wird durch den Tauschwert ausgedrückt, der am Markt beobachtbar ist. Bereits in diesen Überlegungen ist der grundlegende Widerstreit der Unternehmensbewertung angelegt, der diese betriebswirtschaftliche Teildisziplin bis heute immer wieder bewegt: Sind Unternehmenswerte objektive oder subjektive Werte. In der Theoriegeschichte der Wirtschaftswissenschaften hat diese Debatte eine lange Tradition, die hier nur rudimentär skizziert werden kann. Aristoteles Bestreben war nicht, eine Theorie der Bewertung zu entwickeln. Sein Interesse galt vielmehr der Frage nach der Gerechtigkeit des Preises (Schumpeter 2009, S. 100 ff.). Er erkannte aber, dass zwischen Gebrauchswert und Tauschwert ein Zusammenhang bestehen muss. Auch in seiner Analyse kommt schon das Grundproblem des objektiven Wertbegriffs zum Ausdruck. Sollte es einen objektiven Wert geben, gäbe es keine Veranlassung zu einem Tausch. Ein Tausch wird nur initiiert, wenn der Verkäufer mehr durch den Tausch bekommt als ihm die Aufgabe des Tauschobjekts wert ist. Umgekehrt wird der Käufer weniger hergeben als, was ihm das Tauschobjekt wert ist. Bei einem objektiven Wert, der für jeden gilt, ist ein Tausch also niemals sinnvoll.

Ein früher Vertreter der objektiven Werttheorie war der irisch-französische Ökonom Richard Cantillon. Cantillon war ein bedeutender Vertreter der frühen Ökonomie. Viele seiner Ideen wurden später von den französischen Physiokraten übernommen bzw. parallel von diesen entwickelt (vgl. Brewer 2002, S. 1). Vorläufer seiner Überlegungen sind bei englischen Wissenschaftlern, insbesondere Sir William Petty, zu sehen (vgl. Roncaglia 1985), der der Theorie sehr nahekam, dass der Wert eines Gutes durch die Menge Arbeit bestimmt wird, die für seine Produktion notwendig war (Meek 1973, S. 35). Er unterschied den Marktpreis und den intrinsischen Wert eines Gutes, wobei letzterer durch die Menge des Bodens und der Arbeit, die zur Produktion eines Gutes benötigt wird, entsteht (Cantillon 1931, S. 29). Er machte auch klar, dass Güter nicht immer zu ihren intrinsischen Werten am Markt gehandelt werden. Der Marktpreis hängt nämlich ab von den „Humours and Fancies of Men" (Cantillon) wobei er letztlich davon ausging, dass die Unterschiede zwischen Marktpreis und intrinsischem Wert nicht so groß sind (Vaggi und Groenewegen 2003, S. 48).

Die erste geschlossene Theorie des Wertes geht zurück auf die Physiokraten. Herausragender Vertreter dieser häufig als erster umfassender Theorie der Volkswirtschaftslehre insgesamt (vgl. Schmidt 2002, S. 38) bezeichneten Lehre war Francois Quesnay (1694–1774). Physiokratie lässt sich als Herrschaft der Natur übersetzen. Zu ihrer Zeit wurde die Gruppe allerdings als „Le économistes" die Wirtschaftswissenschaftler bezeichnet. Mit dem heute gebräuchlichen Begriff Physiokraten wird Bezug genommen auf die Ausbildung Quesnays als Mediziner. Er war Leibarzt des französischen Königs Ludwig XV. und seiner

Mätresse, der Madame de Pompadour. Diese Ausbildung findet auch ihren Niederschlag in der physiokratischen Theorie, die Analogien zum Blutkreislauf aufweist (der Wirtschaftskreislauf). In seinem bahnbrechenden Werk „Le Tableau Economique" (Quesnay 1972) geht Quesnay davon aus, dass jeder Wert aus dem Land geschaffen wird. Die produktive Klasse ist die Landwirtschaft und aus ihrer Tätigkeit entstehen dann Werte, da die landwirtschaftlichen Produkte einen höheren Gebrauchswert aufweisen als die Produktionskosten. Folglich werden Landwirte als produktive Klasse bezeichnet, denen die Grundbesitzer als besitzende Klasse gegenüberstehen, die die von den Landwirten produzierten Wertzuwächse verbrauchen. Daneben sind die Handwerker und Kaufleute eine sterile Klasse, die zwar keinen Mehrwert schafft, aber sich selbst trägt (Schmölders 1961, S. 24).

Quesnay unterschied in seiner Preistheorie zwischen dem kurzfristigen Marktpreis eines Gutes und dem langfristigen Wert (vgl. Vaggi und Groenewegen 2003, S. 61 f.). Letzteres war der fundamentale Preis, der aus den direkten Produktionskosten und allen übrigen Kosten des Produzenten besteht. Werden diese Kosten nicht durch den Preis verdient, so erleidet der Produzent einen Verlust. Im sterilen Sektor kommt der fundamentale Preis durch Löhne und Rohmaterialien zustande. Im produktiven Sektor sind zusätzlich noch die Kosten für die Nutzung des Lands zu berücksichtigen. Diese bestehen in der Pacht an die besitzende Klasse. Durch die Pacht geschieht die Übertragung des Mehrwerts an die besitzende Klasse. Ist die Pacht zu hoch, so kommt es zu Verlusten bei den Landwirten. In diesem Fall gerät das ökomische System aus dem Gleichgewicht und reproduziert sich nicht mehr. Damit haben wir es mit einem System objektiver Werte zu tun. Sie lassen sich durch den Arbeitseinsatz bestimmen. Zu hohe Preise werden aber offensichtlich auch in Erwägung gezogen, da die verlangte Pacht so hoch sein kann, dass sie dazu führt, dass der gesamte ökonomische Prozess ins Ungleichgewicht gerät.

Adam Smith, der mit seinem Buch „An Inquiry into the Nature and Causes of the Wealth of Nations" (Smith 1776) eine bahnbrechende Grundlegung der ökonomischen Theorie lieferte, erwähnt in dem Kapitel zu Planung und Inhalt seines Buches den Begriff „Wert" nicht. In seinem Buch werden jedoch drei Werttheorien entwickelt, die aber noch nicht in Beziehung zueinander gesetzt werden. Zunächst sieht Adam Smith Arbeit als die hauptsächliche Ursache von Wert an:

> The real price of every thing, what every thing really costs to the man who wants to acquire it, is the toil and trouble of acquiring it. What every thing is really worth to the man who has acquired it, and who wants to dispose of it or exchange it for something else, is the toil and trouble which it can save to himself, and which it can impose upon other people. What is bought with money or with goods is purchased by labour as much as what we acquire by the toil of our own body. That money or those goods indeed save us the toil. They contain the value of a certain quantity of labour which we exchange for what is supposed at the time to contain the value of an equal quantity. Labour was the first price, the original purchase-money that was paid for all things. It was not by gold or by silver, but by labour, that all the wealth of the world was originally purchased; and its value, to those who possess it and who want to exchange it for some new production, is precisely equal to the quantity of labour which it can enable them to purchase or command. (Smith 1776, S. 47 f.)

Der Wert wird durch Arbeit geschaffen – nicht mehr wie bei Quesnay durch das Land. Damit nimmt er die Entwicklung der Zeit auf: Die Industrialisierung beginnt. Die Landwirtschaft verliert gegenüber dem produzierenden Gewerbe an Bedeutung. Die Produktion basiert deutlich stärker auf dem Produktionsfaktor Arbeit als auf dem Produktionsfaktor Boden.

Wieviel Zeit ein Arbeiter in ein Produkt investieren muss, bestimmt, wieviel dieses Produkt wert ist. Folglich sind auch nur die Produktarbeiter in der Lage, Wert zu schaffen. Mit ihren Überschüssen müssen sie dann dafür sorgen, dass die unproduktiven Mitglieder einer Gesellschaft, seien es Priester oder Rechtsanwälte, ausgehalten werden können. Der Ansatz von Smith begründet die Arbeitswertlehre. Es handelt sich um einen objektiven Wert, der eindeutig anhand der verwendeten Arbeitszeiten bestimmt werden kann. Der Markt übersetzt die Arbeitswerte in Tauschwerte in Geldgrößen (vgl. Henry 2000, S. 4). Die Menge Arbeit wird aber von Smith als das bestmögliche Substitut für Geld zur Festlegung der Preise genannt. Der durch die Arbeit geschaffene Wert wird durch Löhne, Gewinne und Pachten wieder verteilt. Wie diese Verteilung funktioniert und wonach sie sich richtet, war nicht Gegenstand der Überlegungen von Smith. In seiner Nachfolge befasste sich David Ricardo mit dieser Frage (vgl. Mazzucato 2018, S. 41).

In einer zweiten Werttheorie geht Smith auf den Preis ein, der von dem Nutzen abhängt, den ein Gut für einen potenziellen Käufer entwickelt. Zudem hängt der so gewonnene Preis von Angebot und Nachfrage auf dem relevanten Markt ab. Hier ist ein Anklang an die subjektive Werttheorie zu erkennen. Allerdings gelingt es Smith noch nicht die beiden Theorien zusammen zu bringen. Er selbst illustriert das an dem Diamanten-Wasser Vergleich, dem klassischen Wertparadox: Das Wasser hat einen hohen Gebrauchswert (value in use). Demgegenüber haben Diamanten nur einen außerordentlich geringen Gebrauchswert. Das Verhältnis der beiden Tauschwerte zueinander ist jedoch umgekehrt. Die Lösung dieses Wertparadox ist später der Wegbereiter zur Grenznutzenschule und zum subjektiven Wertbegriff. Smith selbst führt die hohen Kosten der Erlangung des Gutes an: Ein Diamant ist schwierig zu finden, Wasser in Schottland reichlich verfügbar (Kurz und Sturm 2013, S. 91). Die Gedanken zur Lösung des Wertparadoxons werden zeitgleich schon von dem italienischen Ökonomen Galiani (Schumpeter 2009, S. 381 ff.) beschrieben. Auch er hat erkannt, dass nützliche Güter wie Wasser reichlich vorhanden sind und weniger nützliche Güter wie Diamanten nur wenig vorhanden sind. Der Preis kommt zustande durch das Zusammenspiel von Nutzen und Knappheit. Der Preis reguliert die Menge, die die Konsumenten kaufen können. Illustriert wird dieser Gedanke anhand eines islamischen Landes, in dem Alkohol verboten ist, das zum Christentum konvertiert und dann eine Nachfrage nach Wein entsteht.

Die Arbeitswertlehre wird fortgeschrieben von Karl Marx, der sich direkt auf die Arbeiten von David Ricardo beruft (van Suntum 2013, S. 66). In seiner Arbeitswertlehre bestimmt sich der Wert eines Gegenstandes ebenfalls dadurch, wie viel Arbeit für die Erstellung eines Gutes benötigt worden ist. Allerdings betont Marx auch die Nützlichkeit als Wertkategorie (Gebrauchswert). Diese hängt an dem Gut an sich und ist unabhängig von der Menge Arbeit, die zu seiner Produktion gebraucht wurde. Erst wenn das Gut getauscht wird (und es damit in Marxscher Terminologie zur Ware wird) wird auch der Tauschwert als zweite Wertkategorie benötigt. Der Tauschwert entspricht langfristig den Reproduktionskosten, d. h. man bekommt für eine Ware im Tausch auf lange Sicht nie mehr als zu deren Erstellung notwendig ist.

Im einfachsten Fall wird Ware gegen Ware getauscht. Jemand gibt das Eigentum an einer Ware auf und erhält dafür eine andere. Ein Paar Schuhe wird gegen einen Mantel getauscht, sofern beide annähernd gleiche Reproduktionskosten haben (gemessen von dem Arbeitsaufwand, den ein durchschnittlicher Schuster bzw. Schneider investieren muss). In der zweiten Form des Tausches wird Geld als Tauschmittel eingesetzt. Eine Ware wird gegen Geld getauscht, das Geld wird eingesetzt um eine andere Ware zu kaufen. Der Schuster tauscht seine Schuhe gegen Geld, womit er zum Schneider geht und einen Mantel erwirbt. In der dritten, der kapitalistischen Form der Warenzirkulation, ist es das Ziel, das Geldvermögen zu maximieren. Geld wird gegen Ware getauscht und das Geld für weitere Produktion eingesetzt. Geldzuwachs erreicht der Kapitalist durch Tausch. Der Zuwachs wird als Mehrwert bezeichnet. Es ist zwar der Kapitalist, der den Mehrwert bekommt. Entstehen tut er jedoch lediglich durch die Arbeit der Arbeiter. Der Kapitalist kauft am Markt die Ware ein, die in der Lage ist, den Mehrwert zu schaffen – nämlich die Arbeit, die in Marxscher Terminologie selbst eine Ware ist. Auch die Ware „Arbeit" wird nur mit ihren Reproduktionskosten, also dem Existenzminimum des Arbeiters, entlohnt. Arbeit ist aber eine spezielle Ware, da der Arbeiter länger für seinen Arbeitgeber arbeitet als er benötigt, seine Arbeitskraft zu reproduzieren. Hat der Arbeiter beispielsweise einen Zehn-Stunden-Arbeitstag, so arbeitet er für die Finanzierung seiner Grundbedürfnisse wie Nahrung, Wohnung etc. Zum Beispiel, lediglich sechs Stunden. Die übrigen vier Stunden seiner Arbeitszeit sind der Mehrwert, der dem Fabrikeigentümer zugutekommt. Der Mehrwert ist rechnerisch der Unterschied zwischen höherem Gebrauchswert (Erträge aus der Produktion) und niedrigerem Tauschwert (Lohn am Existenzminimum) der Arbeit.

Der Kapitalismus ist in der Lage größere Mengen des Mehrwerts zu erreichen als es frühere Subsistenzwirtschaften waren, die nur das Existenzminimum erwirtschaftet haben. Aber auch als die Wirtschaft der Feudalzeit, in der die Arbeit aufgrund von Ausbeutung und Gewalt von unfreien Arbeitern durch Landbesitzer genommen worden sind (vgl. Mazzucato 2018, S. 48 f.). In der Lehre von Marx versucht der Kapitalist, entweder durch eine Ausweitung der Arbeitszeiten oder durch effizientere Arbeit, den Mehrwert stetig zu erhöhen. Effizienz erreicht man durch vermehrten Einsatz von Maschinen. Dies führt dazu, dass immer weniger Arbeiter gebraucht werden, was die Absatzmöglichkeiten für Waren reduziert. Dadurch entstehen Absatzkrisen, die letztlich zum Fall des Kapitalismus führen (vgl. van Suntum 2013, S. 67).

Wenn man die Gedanken von Marx konsequent anwendet, kann man damit Unternehmen bewerten. Dies sei an einem Gedankenexperiment (vgl. Goetzmann 2016, S. 412 f.) gezeigt: 1870 betrug der Marktpreis aller an der London Stock Exchange notierten Wertpapiere 3,6 Mrd. Pfund. Der durchschnittliche Wochenlohn betrug in dieser Zeit ca. 1 Pfund pro Woche, also ca. 52 Pfund pro Jahr. Geht man von einem durchschnittlichen Arbeitsleben von 50 Jahren aus, entspricht der Börsenwert dem Arbeitswert von 1,4 Mio.

Menschen der damaligen Zeit. Für Marx ist Geld nur ein Schleier, der den wahren Wert der Dinge verdeckt. Arbeit macht den Wert aus. Mit der Übersetzung in Arbeit wird der Schleier gelüftet und der Wert der Dinge kommt tatsächlich zum Vorschein.

Gedanken hat sich Marx auch zur Bemessung der wertbestimmenden Arbeit gemacht. Wertbestimmend kann nicht die Arbeitsleistung sein, die ein ungeschickter Handwerker benötigt, um beispielsweise ein Regal aufzubauen. Angemessen ist es, von der Leistung auszugehen, die ein durchschnittlicher Handwerker braucht. Ähnliche Ideen finden sich auch in der Unternehmensbewertung, wenn es um die Konstruktion objektivierter Wertkonzepte geht (vgl. hierzu im Detail Kap. 4 dieses Buches). Hier wird bei der Prognose künftiger Erfolge eines Unternehmens immer von einem durchschnittlich fähigen Unternehmer ausgegangen. Auch wenn Marx die Arbeitswertlehre verwendet, um die Gesellschaft als Ganzes zu analysieren und ihre Entwicklung zu erklären, so kann man dennoch viele wertvolle Erkenntnisse ziehen und Verwandtschaften zu den betriebswirtschaftlichen Werttheorien erkennen.

Allen objektiven Werttheorien gemein ist, dass sie davon ausgehen, dass der Wert einer Sache eine Eigenschaft dieser Sache selbst ist. Für Unternehmen bedeutet dies, dass auch ihnen ein Wert objektiv zuzuordnen sein müsste, der für jedermann gilt.

1.2.2   Die subjektiven Werttheorien der Ökonomie

Die Entwicklung der subjektiven Theorie ist eine „reichlich verwickelte" (van Suntum 2013, S. 46) Geschichte, in der die Ökonomen Stanley Jevons (1835–1882), Leon Walras (1834–1910) und Hermann Heinrich Gossen (1810–1858) sowie Carl Menger (1840–1921) eine wesentliche Rolle spielen.

Einen Vorläufer des Gedankens hatte der Schweizer Gelehrte Daniel Bernoulli entwickelt, der insbesondere für seine physikalischen und mathematischen bekannt ist, (Bernoulli 1968). Verfasst wurde der Text 1730 oder 1731. In dieser Schrift vertrat er die Ansicht, dass ein Mensch den Wert einer Goldmünze umso geringer einschätzt, desto mehr Goldmünzen er bereits besitzt. Damit wird er einer der ersten der explizit darauf hinweis, dass Wert kein objektives Merkmal eines Gegenstands ist sondern durch eine Beziehung zwischen der bewertenden Person und dem bewertenden Gegenstand entsteht.

Der erste, der die Erkenntnis zum subjektiven Wert gewonnen hatte, war Gossen. Er war preußischer Finanzbeamter, dessen Werke alleine ohne weiteren akademischen Austausch entstanden sind. Sein bahnbrechendes Buch, das er auf eigene Kosten publizierte, wurde erst nach seinem Tod veröffentlicht, so dass wenig über seine Biografie bekannt ist. Der englische Ökonom Jevons nahm erst Notiz von Gossens Werk als er von einem Kollegen darauf aufmerksam gemacht worden ist, der wiederum in einem deutschen Buch zur Nationalökonomie den Hinweis auf Gossens Werk gefunden hatte (vgl. Ikeda 2000, S. 394). Jevons war parallel – genauso wie der Schweizer Walras – zur gleichen Erkenntnis gekommen. In den Folgeauflagen seines Buches Theory of Political Economy verwies Jevons dann auch auf Gossens Werk (Jevons 1970). Allerdings hatten auch schon andere

Ökonomen bereits vorher das Konzept des Grenznutzens beschrieben (so der Oxford Ökonom Lloyd, der Ire Longfield, beide 1834; und Nassau Senior ein weiterer Ökonom der Universität Oxford in 1836, vgl. Vaggi und Groenewegen 2003, S. 180). Auch Walras wurde von Jevons auf den unbekannten Ökonomen Gossen aufmerksam gemacht. Er befasste sich daraufhin mit Leben und Werk von Gossen und zeigte sich ebenso tief beeindruckt (vgl. Kurz 2008, S. 165 f.) Sowohl Walras als auch Jevons wollten die Ökonomie als richtige Wissenschaft mit der Mathematik als Erkenntnismittel etablieren (vgl. dazu die Zitate bei Mazzucato 2018, S. 59 f.). Gemeinsam ist allen Ansätzen, dass der Nutzen des Konsumenten zum Maßstab für den Wert wird. Er ersetzt den Input (seien es Arbeit oder Boden), der bisher den Maßstab für den Wert eines Gutes ausgemacht hat.

Gossen hat seine Grunderkenntnis wie folgt formuliert:

> Die Außenwelt hat für uns Werth, und es folgt daraus, daß der Werth der Außenwelt in genau dem selben Maße steigt und sinkt wie die Hülfe, die sie uns gewährt zur Erreichung unseres Lebenszwecks, daß die Größe ihres Werthes demnach genau gemessen wird durch die Größe des Lebensgenusses, den sie uns verschafft. (Gossen 1854, S. 24)

Der Gebrauchswert eines Gutes entspricht seinem Grenznutzen, also dem Nutzen, den die letzte konsumierte Einheit entspricht. Mit dieser Aussage lässt sich auch das Wertparadoxon auflösen: Wasser ist ein sehr nützliches Gut, da es reichlich vorhanden ist, kann es aber auch in Verwendungen fließen, die nur einen niedrigen Grenznutzen für den Konsumenten aufweisen. Es wird zu niedrigen Preisen angeboten. Würde Wasser knapp, so würden Verwendungen wie Autowaschen und Springbrunnen, deren Grenznutzen gering ist, nicht mehr weiterverfolgt werden. Bei seltenen Gütern wie Diamanten werden nur diejenigen Aktivitäten verfolgt, deren Grenznutzen für den jeweiligen Verbraucher hoch ist. Dies ist zum Beispiel dann der Fall, wenn der Käufer den Diamanten weiterverschenkt und dabei große Freude verspürt. Damit wird der Preis gerechtfertigt. Gossen argumentiert in seinem Buch zwar sehr stark mit Prinzipien, die den Grenznutzenbegriff vorwegnehmen. Der Begriff selbst wird von Wieser (1884, S. 191) in die Literatur eingeführt.

Die fast zeitgleichen Entdecker des Grenznutzen erkennen das Werk von Gossen an. Jevons schreibt von der „fundamental theory", die „even more general and thorough" ist als seine eigene (Jevons 1970). Jevons formuliert seine Definition von Wert wie folgt: „value depends entirely upon utility." Zweifel daran, wie man dies quantifizieren kann hat er nicht. Mit den Erfahrungen der Vergangenheit kann man sowohl die Nutzenhöhe als auch die Wahrscheinlichkeit, mit der der Nutzen eintritt, festhalten. Damit passt Jevons in die Zeit: Das viktorianische Zeitalter in Großbritannien war begeistert von Quantifizierung und sah hierin die Lösung vieler Probleme (Bernstein 1996, S. 190 f.).

Walras veröffentlichte einen Aufsatz zu Gossens Leben, das er selbst recherchiert hatte, und Werk und schreibt darin, dass Gossen „einer der bemerkenswerten Ökonomen, der je gelebt hat" ist (Walras 1885, S. 71 zitiert nach Kurz 2009, S. 473). Gossen selbst erlebt seinen Ruhm nicht mehr. Er geht sogar so weit, die Restbestände seines Buches zurückzukaufen und stirbt vor der Wiederentdeckung seines Werkes 1858 in Köln (Kurz 2009).

Mit den Ausführungen zum Grenznutzen einher geht eine zentrale Überlegung der subjektiven Wertlehre. Auch für ein und dieselbe Person geht der Nutzen zurück, je mehr von dem Gut bereits konsumiert worden ist bzw. je häufiger der Genuss wiederholt worden ist. Gossen formuliert es wie folgt (Gossen 1854, S. 4 f.):

1. Die Größe eines und desselben Genusses nimmt, wenn wir mit Bereitung des Genusses ununterbrochen fortfahren, fortwährend ab, bis zuletzt Sättigung eintritt.
2. Eine ähnliche Abnahme der Größe des Genusses tritt ein, wenn wir den früher bereiteten Genuß wiederholen, und nicht bloß, daß bei wiederholter Bereitung die ähnliche Abnahme eintritt, auch die Größe des Genusses bei seinem Beginn ist eine geringere, und die Dauer, während welcher etwas als Genuß empfunden wird, verkürzt sich bei der Wiederholung, es tritt früher Sättigung ein, und beides, anfängliche Größe sowohl, wie Dauer, vermindern sich um so mehr, je rascher die Wiederholung erfolgt.

Dieses Prinzip wird seit Lexis (1895) als Erstes Gossensches Gesetz bezeichnet. Damit wird aus der Objekt-Objekt Beziehung der objektiven Werttheorie, eine Objekt-Subjekt Beziehung. Der Wert wird nicht mehr als Eigenschaft des Gutes selbst angesehen, er verliert seine objektive Bestimmbarkeit: „Der Güterwerth ist in der Beziehung der Güter zu unseren Bedürfnissen, nicht in den Güthern selbst." (Menger 1871, S. 85). Für die österreichische Schule der Nationalökonomie und Carl Menger als ihren Exponenten beruht der Wert auf einem Bewertungsakt eines Individuums. Dieser Bewertungsakt bringt die Bedürfnisse des Individuums und die Bedürfnisbefriedigung durch das Gut in Beziehung (vgl. Reimherr 2006, S. 253 f.). Daraus folgt, dass der Wert immer auf ein bestimmtes Objekt bezogen ist und variabel ist für verschiedene Personen.

Der Übergang vom Wert zum Preis gelingt dadurch, dass wertungleiche Gegenstände getauscht werden. Der Verkäufer schätzt den Wert geringer ein als die Gegenleistung durch den Käufer und umgekehrt. Unternehmensbewertungen werden in vielen Fällen aus Anlass eines möglichen Kaufs oder Verkaufs eines Unternehmens berechnet. Güter wie auch Unternehmen haben meist einen Gebrauchs- und einen Tauschwert. Das Verhalten wird durch den größeren von beiden gesteuert (vgl. Reimherr 2006, S. 277 ff.):

1. Ist der Gebrauchswert größer als der Tauschwert, so lohnt sich der Kauf des Gutes bzw. Unternehmens.
2. Ist der Gebrauchswert kleiner als der Tauschwert, so lohnt sich der Verkauf des Gutes bzw. Unternehmens.

Sind diese Bedingungen erfüllt, so leistet die Transaktion einen Beitrag zur besseren Bedürfnisbefriedigung der Entscheidungsträger. Stehen sich zwei Parteien in einer Verhandlungssituation gegenüber, so kommt es nur dann zu einem Kauf wenn Bedingung 1 für den Käufer und Bedingung 2 parallel erfüllt sind. Der Tauschwert entspricht dabei dem Verhandlungsergebnis der Verkaufsverhandlungen, also dem Preis. Menger unterscheidet in seinen Ausführungen zwischen Wert und Preis. Seiner Ansicht nach steht der Preis häufig irrtümlich im Mittelpunkt der ökonomischen Analyse. Dies begründet er damit, dass diese die „einzig sinnlich wahrnehmbaren Erscheinungen des ganzen (Tausch)Processes" (Menger 1871, S. 172) sind. Der Preis gibt die im Tausch gehandelten Güterquantitäten an, ihm stehen aber unterschiedliche Bewertungen zugrunde. Diese Wertunterschiede sind sogar zwingend notwendig, damit es überhaupt zu Tauschhandlungen kommen kann. Menger kommt damit auch zu dem Schluss, dass der Preis unabhängig von Personen ist. Es handelt sich um das Einigungskriterium in Kauf- und Verkaufsvorgängen (vgl. Quill 2016, S. 25). Damit wird das große Problem der objektiven Werttheorie gelöst: Es wird möglich, auch für rational handelnde Entscheidungsträger Güter oder Güterbündel zu tauschen.

Mit der Lehre vom Grenznutzen wurde ein Werkzeug geschaffen, womit Wissenschaftler in die Lage versetzt worden sind, Tauschhandlungen in allen Zusammenhängen zu erklären (Schumpeter 2009, S. 1112). Popularisiert wurde das Instrument durch das klassische Volkswirtschaftslehrbuch des späteren Nobelpreisträgers Paul Samuelson, das 1947 in erster Auflage erschien. In den ersten drei Kapiteln des Buches wird das auf die Entdecker des Grenznutzens zurückgehende Instrumentarium in didaktisch aufbereiteter Form dargestellt, so dass es sich in der wissenschaftlichen Forschung als wichtiges Instrument verbreiten konnte (Samuelson 1947).

Die Volkswirte der österreichischen Schule haben die Verbindung zur damaligen Betriebswirtschaftslehre selbst hergestellt. So weist Ludwig von Mises (von Mises 1933, S. 197), einer der Hauptvertreter der österreichischen Schule, auf den damals führenden Betriebswirt Eugen Schmalenbach hin:

> Will man erkennen, was die Grenznutzenlehre für uns bedeutet, dann sehe man eine beliebige Darstellung der Marktlehre in einem der heute gangbaren Lehrbücher an und versuche es, alles das auszuscheiden, was darin an Gedanken enthalten ist, die wir der modernen Theorie des werttheoretischen Subjektivismus verdanken. Man nehme die führenden Werke der Betriebswirtschaftslehre – etwa die Arbeiten SCHMALENBACHs – zur Hand, und man wird erkennen, wie fruchtbar für dieses Fach die Denkarbeit des Subjektivismus geworden ist.

Auch in früheren Schriften deutscher Nationalökonomen wird bereits die Subjektivität von Werten beschrieben (vgl. Priddat 1998). So spricht sich Gottlieb Hufeland (1760–1817), Professor der Rechte in Jena, Würzburg und Landshut sowie von 1806 bis 1812 Bürgermeister von Danzig in seinem Grundlagenwerk „Neue Grundlegung der Staatswirtschaftskunst" (1815) gegen die Ableitung von Werten aus den Produktionskosten aus. Im Gegensatz dazu seien Gebrauchswerte nach „den Vorstellungen eines Einzelnen oder nach der Vorstellung mehrerer einer Sache beygelegt" (Hufeland 1815, S. 95 f.). Dieser Gedanke nimmt die Subjektivität von Werten vorweg und steht damit im Gegensatz zu der von Briten geprägten Vorstellung, Werte bemäßen sich nach Kosten.

Kritisch gesehen wurde die subjektive Werttheorie, da sie dazu führen, dass Bewertungsvorgänge abstrakter werden. Exemplarisch sei das Verdikt des schwedischen Ökonoms und Nobelpreisträgers Gunnar Myrdal zitiert (Myrdal 1932, S. 148):

Sieht man sich die praktischen Resultate der subjektiven Wertlehre an, so ist man nicht gerade überwältigt. Sie lehrt uns nichts über die Wirklichkeit und hilft uns niemals praktische Probleme zu lösen. Sie gibt uns ein abstraktes, unfruchtbares, für den Uneingeweihten äußerst verwickeltes, theoretisches Schema, das selten mit einer konkreten Situation in Beziehung gebracht werden kann, ohne die ganze Problemstellung zu verflachen. Es gehört zu jener Menge, besonders in der Sozialwissenschaft so zahlreichen logischen Systembildungen, die uns ein Scheinwissen geben.

1.2.3 Übertragung der ökonomischen Werttheorien auf die Unternehmensbewertung

Die Bewertung im Sinne der heutigen Betriebswirtschaftslehre ist die Messung von Werten (eines Unternehmens) in Geldeinheiten. Es wird also eine kardinale Messung vorgenommen. Die Messung erfolgt quantitativ und lässt die Bestimmung von Abständen zwischen zwei Nutzenniveaus zu. Dabei wird rationales Handeln der Entscheidungsträger unterstellt – also ein nach dem ökonomischen Prinzip handelnder Entscheidungsträger.

Die erste bedeutende Werttheorie in der betriebswirtschaftlichen Wissenschaft war die Theorie des objektiven Wertes, analog zur ersten Betrachtung in der Volkswirtschaftslehre. Eugen Schmalenbach, der erste, der für Betriebswirtschaftslehre an einer deutschen Universität habilitiert wurde (vgl. Lorson et al. 2015, S. 63) und, der viele Begrifflichkeiten der modernen Betriebswirtschaftslehre geprägt hat, bezeichnete den Wert eines Unternehmens als objektiv, also als eine allgemeingültige Eigenschaft des Unternehmens (Schmalenbach 1954, S. 54). Danach wird der Wert vom Standpunkt „des Betriebes selbst" (Mellerowicz 1952, S. 11) ermittelt, der Unternehmenswert muss „unabhängig von den verschiedenen Interessenlagen von Käufer und Verkäufer" (Mellerowicz 1952, S. 13) ermittelt werden. Der Wert ist nach dieser Theorie ein dem Unternehmen innewohnendes Merkmal, das objektiv fassbar ist wie Gewicht oder Farbe. Die Überlegung dahinter ist, dass die Bewertung berücksichtigt, was die Unternehmung zur Bedarfsdeckung beiträgt. Damit wird er nicht mehr abhängig von Käufer- und Verkäuferinteressen (vgl. Felten 1958, S. 11). Der Wert ist dann auch nicht mehr davon abhängig, ob das Unternehmen gut oder schlecht geführt wird (Mellerowicz 1952, S. 60). Vielmehr ergibt sich der Unternehmenswert daraus, wie sich aus der derzeitigen Konstitution des Unternehmens in der Zukunft Erträge generieren lassen (ebenda). Man erkennt die Ähnlichkeit zu den Überlegungen von Karl Marx deutlich.

Der so ermittelte Wert der Unternehmung müsse für jedermann gelten. Hier entsteht das erste Problem. Ein „normaler Investor", also ein „jedermann" (Künnemann 1985, S. 14), muss für eine objektive Wertermittlung definiert werden. Es ist offensichtlich, dass hier ein großer Handlungsspielraum für den Bewertungsgutachter entsteht. Insoweit ist dieses Wertkonzept eigentlich subjektiv zu nennen (vgl. Bretzke 1976, S. 548 f.), da der Gutachter gezwungen ist, subjektive Eindrücke zu berücksichtigen. Mindestens entsteht ein Schätzungsspielraum. Auch eine andere Beobachtung zeigt die Unmöglichkeit von objektiven Werten: Unternehmenspreise werden in Verhandlungen festgelegt. Würde es einen objektiven Wert geben, der für jedermann gilt, wären Verhandlungen unnötig, der Preis eines Unternehmens wäre ein Datum, das für jeden potenziellen Käufer und Verkäufer klar erkennbar wäre.

Anhänger der objektiven Werttheorie hatten somit Schwierigkeiten zu erklären, warum es überhaupt zu Unternehmensverkäufen kommt. Eine Lösung, die vorgeschlagen wurde, war es, die offensichtlichen Wertunterschiede zwischen Käufer und Verkäufer mit der Unsicherheit zu erklären, wie sich das Unternehmen entwickelt. Würde es absolute Sicherheit geben, so würde der Wert für Käufer und Verkäufer identisch sein müssen (vgl. Moral 1920, S. 110).

Erstaunlich ist, dass die objektive Werttheorie, trotz ihrer offensichtlichen Mängel, bis in die sechziger Jahre hinein herrschende Meinung in Wissenschaft und Praxis gewesen ist. Die Vorarbeiten aus den allgemeinen Wirtschaftswissenschaften wurden nicht in die Unternehmensbewertung übertragen. Möglicherweise liegt dies daran, dass der Begriff „objektiv" mit positiven Assoziationen wie Wissenschaftlichkeit, Gerechtigkeit und Unparteilichkeit verbunden ist (Matschke 1976, S. 517). Des Weiteren mag dazu beigetragen haben, dass betriebswirtschaftliche Wertgutachter immer dann angefordert werden, wenn sich zwei Parteien nicht einigen können – dann ist es in der Tat die Aufgabe des Bewertungsgutachters einen Wert zu ermitteln, der beiden Seiten gerecht wird. Ein großes Problem, das im Folgenden noch zu behandeln sein wird. Entgegen der Begrifflichkeit „objektiv" eröffnen aber die notwendigen Abstraktionen von der tatsächlichen Bewertungssituation erhebliche Spielräume. Damit eignen sich die sogenannten objektiven Werte besonders gut für die Argumentation in Verhandlungssituationen (Schildbach 2017, S. 259).

In den 60er-Jahren des letzten Jahrhunderts rückte die subjektive Werttheorie in den Mittelpunkt der Diskussion. Diese Werttheorie stützt sich auf die Erkenntnisse der Psychologie. Danach ist der Wert eines Gutes nur durch individuelles Wertempfinden erklärbar, so wie es sich auch in den Schriften von Gossen findet. Das Gut hat für jede Person einen anderen Wert, dieser ist aber nicht intersubjektiv nachvollziehbar (Hartmann 1970, S. 12). Hier setzt auch die Kritik an diesem Konzept an.

Konsequent zu Ende gedacht lässt die subjektive Werttheorie das Einschalten von externen Bewertern nicht zu, da das individuelle Wertempfinden nicht nachvollzogen werden kann (vgl. Beck 1996, S. 78). Präskriptive Aussagen, Verhaltensempfehlungen und Entscheidungshilfen, wie sie von der modernen Betriebswirtschaftslehre angestrebt werden, sind vor dem Hintergrund der subjektiven Werttheorie unmöglich (vgl. Alvano 1989, S. 13). An die Stelle eines präskriptiven Aussagensystems tritt eine unterstellte, aber wissenschaftlich nicht nachprüfbare ex-post Rationalität. Jede Handlung wird im Nachhinein rational, da das individuelle Wertempfinden den Ausschlag in die eingeschlagene Richtung gegeben hat. Eine vorausschauende Entscheidungsunterstützung ist nicht möglich. Trotz der richtigen Erkenntnis, dass der Wert von Person zu Person variiert, blieb die subjektive Werttheorie in ihrer weitest gehenden Form wissenschaftlich aber insbesondere auch praktisch unbefriedigend. Mit Hilfe der Entscheidungsorientierung bildete sich aber daraus die funktionale Unternehmensbewertung, wie sie heute in der herrschenden Meinung vertreten wird.

Die in den siebziger Jahren aufkommende Entscheidungsorientierung der Betriebswirtschaftslehre (vgl. Heinen 1969, S. 207 ff.) konnte – in ihrer Übertragung auf die Unternehmensbewertung – den Mängeln der subjektiven Werttheorie abhelfen. Die entscheidungsorientierte Werttheorie soll dem Entscheidungsträger helfen, in einer Wahlsituation
eine Entscheidung zu fällen, also diejenige Wahl zu treffen, die ökonomisch am vorteil-
haftesten ist (Serfling und Pape 1995a, S. 940). Nach dieser Werttheorie hat die Unternehmensbewertung die Aufgabe, Grenzpreise zu bestimmen, die dem Entscheidungsträger als
Bewertungsmaßstab zur Beurteilung von Verhandlungsergebnissen dienen. Damit hilft die
Unternehmensbewertung, rationale – dem ökonomischen Prinzip entsprechende – Entscheidungen zu treffen (vgl. Sieben 1992, S. 2042). Dabei bleibt die Bewertung subjektiv,
da die individuellen Möglichkeiten, Ziele und Pläne des Entscheidungsträgers bei der Bewertung zugrunde gelegt werden. Der Grundsatz der Subjektivität der Bewertung findet
sich bereits in frühen Schriften insbesondere auch in der forstwirtschaftlichen Literatur:

> Welches ist denn eigentlich der Werth, dessen Ermittlung die Aufgabe der Waldwerthberech-
> nung bildet? Die Antwort hierauf ist natürlich einfach die, daß es sich bei der Waldwerthbe-
> rechnung auch weder um eine eigentliche Werth-, noch viel weniger aber um eine Preisbe-
> stimmung handelt, sondern daß hierbei nur das Capital ermittelt werden soll, dessen Zinsen
> dem Reinertrage des Waldes gleichkommen. Es werden bei dieser Berechnung allerdings
> auch abweichende Ansichten über die vorteilhafteste Bewithschaftung den anzuwendenden
> Zinsfuß u.s.w. verschiedene Resultate bedingen, allein es wird auch nicht verlant, daß eine
> solche Rechnung eine allgemein gültige ist, es soll dieselbe vielmehr nur immer auf den spe-
> ziellen Standpunkt des Käufers oder Verkäufers bezogen werden, nur den Werth der
> hinzugebenden oder zu empfangenden Geldsumme, verglichen mit den Reinerträgen des
> Waldes, angeben, mit einem Worte: sie soll dem Käufer das Maximum, was er geben kann,
> dem Verkäufer das Minimum, was er erhalten muß, um, mit Rücksicht auf die Reinerträge des
> Waldes, keine pecuniären Nachteile zu erleiden, bezeichnen. (Albert 1862, S. 3)

Hier kann man schon sehr gut die entscheidungsorientierte Konzeption der Unternehmensbewertung erkennen. Die Suche nach Grenzpreisen ist heute die Aufgabe der Unternehmensbewertung, es geht darum festzustellen, bis zu welchem Preis (verstanden als
Verhandlungsergebnis) sich eine Unternehmenstransaktion für Käufer (verstanden als
Höchstpreis) und Verkäufer (verstanden als Mindestpreis) noch lohnt.

Die Diskussion um die Werttheorien hat über Jahrzehnte die betriebswirtschaftliche
Diskussion um die Unternehmensbewertung geprägt. Erst mit der Kölner Funktionenlehre
der Unternehmensbewertung (siehe Abb. 1.1) konnte ein „salomonischer Ausweg" (Serfling und Pape 1995b, S. 811) aus diesem Disput gefunden werden. Die an der Universität
zu Köln begründete Funktionenlehre betont die Aufgabenabhängigkeit des Unternehmenswertes. Am Anfang einer Bewertung muss eine Aufgabenanalyse stehen. Die Aufgabe der Bewertung und die Person des potentiellen Käufers und Verkäufers bestimmen
den Wert. Ein Unternehmen hat daher nicht nur für jede Person einen anderen Wert, sondern auch für ein und dieselbe Person – je nach der der Bewertung zugrundeliegenden
Fragestellung. Daraus folgt, dass die Unternehmensbewertung aufgabenadäquat durchgeführt werden muss. So muss eine steuerliche Bewertung einen hohen Objektivierungsgrad

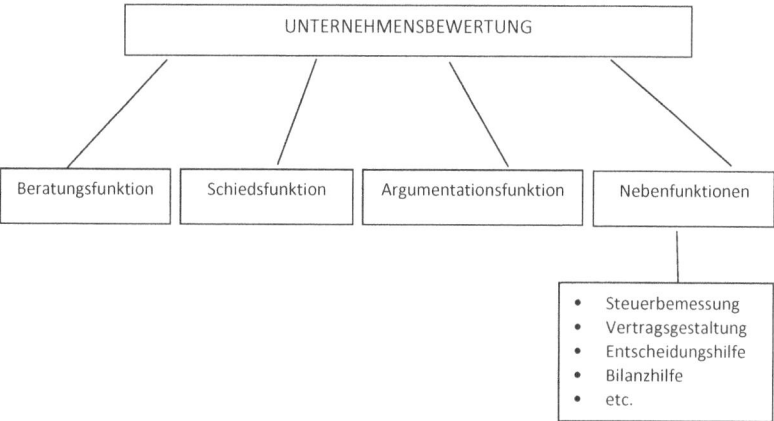

Abb. 1.1 Die Funktionen der Unternehmensbewertung nach der Kölner Funktionenlehre

aufweisen, während die Beratung eines potentiellen Käufers oder Verkäufers eines Unternehmens die Ermittlung eines entscheidungsorientierten Wertes erfordert, der in jedem Fall subjektiv sein muss (vgl. Moxter 1980, S. 456).

Wird der Gutachter in der Beratungsfunktion tätig, ist er Berater einer Partei, die an einer Unternehmenstransaktion Interesse zeigt. Es ist Aufgabe des Gutachters, die Grenze der Konzessionsbereitschaft eines Mandanten zu ermitteln, also den Grenzpreis, der bei Abschluss der Transaktion gerade noch zu einem ökonomisch vorteilhaften Ergebnis führen würde. Diese Wertkonzeption wird als Entscheidungswert bezeichnet (Matschke 1993, S. 26). Der Gutachter liefert seinem Mandanten mit dem Entscheidungswert die Entscheidungsgrundlage für die zugrunde liegende Fragestellung, typischerweise Kauf oder Verkauf eines Unternehmens. Der Mandant entscheidet anhand des Entscheidungswertes, ob er das erzielte Verhandlungsergebnis noch tragen kann oder nicht. Damit wird wiederum der Unterschied zwischen Wert und Preis hervorgehoben: Der Entscheidungswert wird analytisch ermittelt, während der Preis als Vergleichsmaßstab für die Vorteilhaftigkeit aus einem Verhandlungsprozess resultiert. Es handelt sich um einen subjektiven Wert, der von Entscheidungsträger zu Entscheidungsträger variiert. Der Wert ergibt sich aus dem Nutzen, den ein Unternehmen für den Entscheidungsträger stiftet. Der realisierbare Nutzen ist abhängig von Wollen und Können des Individuums, für das der Unternehmenswert ermittelt wird (Sieben 1976, S. 497).

Wird der Gutachter in der Schiedsfunktion tätig, hat er die Aufgabe, einen Schiedswert zu ermitteln, der allen Parteien gerecht wird und einen vernünftigen, d. h. für alle Seiten akzeptablen, Kompromiss für alle Beteiligten ergibt. Der Gutachter vermittelt zwischen den gegensätzlichen subjektiven Wertvorstellungen der Parteien (vgl. Institut der Wirtschaftsprüfer 2000, S. 827). Auftraggeber für ein Schiedsgutachten können die beteiligten Parteien selbst sein, aber auch ein Gericht, vor dem der Bewertungskonflikt ausgetragen wird. Ausgangspunkt einer Schiedsbewertung sind die Entscheidungswerte der beiden Konfliktparteien (Grundsatz der Berücksichtigung der Entscheidungswerte) (Sieben 1993,

S. 4318). Damit ist wiederum dafür gesorgt, dass die Subjektivität beider Entscheidungs-träger berücksichtigt wird. Ein Schiedswert kann nur dann ermittelt werden, wenn der Entscheidungswert des Käufers (also sein Maximalpreis) höher ist als der Entscheidungs-wert des Verkäufers (also sein Minimalpreis).

Wird der Gutachter in der Argumentationsfunktion tätig, liefert er Argumentationshil-fen für eine Verhandlungspartei (Matschke 1976, S. 518). Ziel ist es, der beratenen Partei einen möglichst großen Anteil am Transaktionsbereich zu sichern, also die Gegenseite möglichst nah an den Entscheidungswert und damit an seine Preisgrenze zu bringen. Hin-sichtlich des Preises haben beide Parteien einen strikten Interessengegensatz, ein Gewinn für eine Seite bedeutet in der Verhandlung automatisch einen Verlust der gegnerischen Partei (Wagenhofer 1988, S. 341). Aus diesem Grund ist der Argumentationsbewertung besondere Aufmerksamkeit zu schenken. Dies wird auch vielfach in der Praxis so gehand-habt, während die Theorie diesen Bereich eher stiefmütterlich behandelt.

Das Institut der Wirtschaftsprüfer (IDW) lehnt die Berechnung von Argumentations-werten aus berufsständischen Gründen ab. Stattdessen kann er als „neutraler Gutachter" tätig werden, der einen objektivierten Wert berechnet. Hier soll der Wert des Unterneh-mens berechnet werden „wie es steht und liegt". Anzuwenden ist diese Werttheorie immer dann, wenn der Wirtschaftsprüfer als Sachverständiger vor Gericht tätig wird oder Grund-lagen für die Preisberechnung ermittelt (vgl. Hayn 2000, S. 1347 f.). Allerdings steckt hinter den Begriffen „objektiv" und „objektiviert" die gleiche bewertungstheoretische Grundkonzeption (vgl. Moxter 1983, S. 28).

Die Nebenfunktionen der Unternehmensbewertung dienen im Wesentlichen der Ermitt-lung von konventionalisierten Werten für spezifische Zwecke (Sieben 1993, S. 4316). Die Zwecksetzung der Nebenfunktionen kann es in einigen Fällen sinnvoll erscheinen lassen, von den fundamentalen Grundsätzen der Unternehmensbewertung abzuweichen. So ist zum Zwecke der Besteuerung eine höhere Objektivierung und Nachvollziehbarkeit für fremde Dritte notwendig (Steuerbemessungsfunktion). Damit wäre es hier nicht sinn-voll, um die Gerechtigkeit der Besteuerung sicherzustellen, dem Grundsatz der Subjekti-vität zu folgen. In der Bilanzhilfefunktion stellt die Unternehmensbewertung Rechnungen für die Bewertung von Beteiligungen in den Jahresabschlüssen zur Verfügung. In der Ent-scheidungshilfefunktion wird der Unternehmenswert schließlich zum laufenden Control-linginstrument, mit dem ermittelt wird ob eine Entscheidung einen positiven Beitrag zum Unternehmenswert leistet oder nicht. Die Begriffswahl und Abgrenzung der Nebenfunk-tionen der Unternehmensbewertung wird in der Literatur unterschiedlich gehandhabt (vgl. Brösel 2006).

Mit dem Vordringen angelsächsisch geprägter Beratungsgesellschaften und Invest-mentbanken sowie den verbesserten grenzüberschreitenden Kommunikationsmög-lichkeiten haben die Gedanken der marktwertorientierten Bewertung Eingang in die deutsche betriebswirtschaftliche Diskussion gefunden. Während die englischsprachige Theorie stark in der deutschen Theorie und Praxis rezipiert worden ist, ist dies umge-kehrt nur in Ausnahmefällen geschehen (Hering 2004, S. 114). Diese angelsächsische

Bewertungskonzeption basiert auf der neoklassischen Finanzierungstheorie und ist auf den anonymen Handel von verbrieften Handelsobjekten auf börsenmäßig organisierten Kapitalmärkten ausgerichtet. Damit wird streng genommen auch die Zielsetzung aufgegeben ein Unternehmen als Ganzes zu bewerten, vielmehr bestimmt sich der Marktwert eines Unternehmens demnach aus der Multiplikation des Aktienkurses mit der Anzahl der ausgegebenen Aktien (Matschke und Brösel 2013, S. 26).

Die marktwertorientierten Bewertungsverfahren ermitteln Preise im Kapitalmarktgleichgewicht. Innerhalb der engen Prämissen des vollkommenen Kapitalmarkts ist dabei der Preis ein Datum, der aufgrund gleich gerichteter Erwartungen dem Wert für alle Marktteilnehmer entspricht. Der vollkommene Kapitalmarkt bewirkt mit seinen Prämissen zudem, dass aufgrund von Arbitrage, dieser Wert automatisch der Marktpreis ist. Somit ist die Identität von Wert und Preis impliziter Bestandteil dieser Werttheorie. Wenn Wert und Preis allerdings identisch sind, stellt sich die Frage warum Geschäfte am Markt überhaupt getätigt werden (vgl. Matschke und Brösel 2013, S. 31). Da die Werte aller Marktteilnehmer identisch sind, kann keiner der Transaktionsparteien eine Nutzensteigerung durch Tausch erzielen. Dies widerspricht der Erfahrung und der realen Wirtschaftswelt. Aus diesem Grund ist diese Wertkonzeption wenig überzeugend. Das handlungsauslösende Moment, wie Menger es beschrieben hat, tritt nicht mehr ein. Wäre die Identität von Wert und Preis tatsächlich gegeben, wäre die Nutzung beider Begriffe unnötig (Engels 1962, S. 7). Die Betriebswirtschaftslehre sollte sich auf einen Begriff beschränken, auch um unnötige Verwirrung zu vermeiden. Offensichtlich werden doch beide Begriffe benötigt, was auch ein Indiz für die Verschiedenheit der beiden Konzepte ist.

Der Markt war schon in den Werken von Mellerowicz (1926, S. 153) als „einzig objektive[r] Schätzer" bezeichnet worden. Ähnliche Ansichten finden sich auch in aktuellen Aufsätzen (Tönnes 2017). Dem ist entgegenzuhalten, dass wenn ein Marktpreis, wie er beispielsweise für Aktien an der Börse ermittelt wird, herangezogen wird, nur die Grenzkäufer und -verkäufer berücksichtigt werden (Quill und Homfeldt 2018, S. 268). Nur diejenigen Aktionäre, die ihre Aktie für den aktuellen Marktpreis kaufen oder verkaufen und ihre Preisvorstellungen fließen in die Bewertung ein. Diejenigen Aktionäre, die noch gar nicht über einen Verkauf nachdenken, da der Preis noch nicht hoch genug ist, finden in dieser marktorientierten Bewertung keinen Niederschlag.

Aufgrund der begrifflich bereits verankerten Objektivität haben Marktwerte, die auf Basis der Kapitalmarkttheorie ermittelt wurden, eine besondere Glaubwürdigkeit. Diese wird auch dadurch unterstrichen, dass einige der Wissenschaftler, die besonders an der Entwicklung der Kapitalmarkttheorie beigetragen haben, mit dem Nobelpreis ausgezeichnet worden (so Modigliani und Miler sowie Markowitz und Sharpe, vgl. Schildbach 2017, S. 271). In Wahrheit erlauben diese Methoden aber erhebliche Spielräume, die von einem versierten Gutachter im Sinne seines Auftraggebers genutzt werden können. Mit dem Deckmantel der Objektivität eignen sich diese Methoden daher besonders zur Argumentation in Verhandlungen, also gerade zum Gegenteil von objektiven Bewertungen.

Literatur

Albert J (1862) Lehrbuch der Waldwerthberechnung. Wilhelm Braumüller, Wien

Alvano W (1989) Unternehmensbewertung auf der Grundlage der Unternehmensplanung, 2. Aufl. Botermann und Botermann, Köln

Aristoteles (2017) Nikomachische Ethik. Reclam, Ditzingen

Beck P (1996) Unternehmensbewertung bei Akquisitionen – Methoden – Anwendungen – Probleme. DUV, Wiesbaden

Bernoulli D (1968) Specimen theoriae novae de mensura sortis. Gregg, Farnborough

Bernstein PL (1996) Against the Gods. The remarkable story of risk. John Wiley, New York

Bretzke WR (1976) Zur Problematik des Objektivitätsanspruchs in der Unternehmensbewertungslehre – Ein Nachtrag zu einem Methodenstreit. BFuP 28:543–553

Brewer A (2002) Richard cantillon: Pioneer of economic theory. Routledge, London

Brockhoff K (2016) Von Schützenkönigen und Zwergen: Vom Nutzen der Ideengeschichte in der Betriebswirtschaft. BFuP 68:633–651

Brösel G (2006) Eine Systematisierung der Nebenfunktionen der funktionalen Unternehmensbewertungstheorie. BFuP 58:128–143

Cantillon R (1931) In: Higgs H (Hrsg) Essai sur la Nature du Commerce en Général. Royal Economic Society/Macmillan, London, S 2–323

Engels W (1962) Betriebswirtschaftliche Bewertungslehre im Licht der Entscheidungstheorie. Springer VS, Wiesbaden

Felten JB (1958) Wert und Bewertung ganzer Unternehmen unter besonderer Berücksichtigung der Energiewirtschaft. Springer VS, Wiesbaden

Goetzmann WN (2016) Money changes everything. Princeton University Press, Princeton

Gossen HH (1854) Entwicklung der Gesetze des menschlichen Verkehrs und der daraus fließenden Regeln für menschliches Handeln. Friedrich Vieweg und Sohn, Braunschweig

Hartmann FG (1970) Entscheidungstheoretischer Beitrag zur Bewertungslehre unter besonderer Berücksichtigung der Variantenrechnung, St. Gallen

Hayn M (2000) Unternehmensbewertung: Die funktionalen Wertkonzeptionen. DB 53:1346–1353

Heinen E (1969) Zum Wissenschaftsprogramm der entscheidungsorientierten Betriebswirtschaftslehre. ZfB 39:207–220

Henry JF (2000) Adam Smith and the theory of value: chapter six considered. Hist Econ Rev 31:1–14

Herbener JM, Rapp DJ (2016) Toward a subjective approach to investment appraisal in light of Austrian value theory. Q J Austrian Econ 19(Spring):3–28

Hering T (2004) Quo vadis Bewertungstheorie? In: Burkhardt T, Körnert J, Walther U (Hrsg) Banken, Finanzierung und Unternehmensführung. FS Lohmann, Berlin, S 105–122

Hufeland G (1815) Neue Grundlegung der Staatswirtschaftskunst durch Prüfung und Berichtigung ihrer Hauptbegriffe von Guth, Geld, Preis und Volksvermögen mit ununterbrochener Rücksicht auf die bisherigen Systeme, Erster Band. Ben B. Ph. Bauer, Wien

Ikeda Y (2000) Hermann Heinrich Gossen: a Wirkungsgeschichte of an ignored mathematical economist. J Econ Stud 27:394–415

Institut der Wirtschaftsprüfer (2000) IDW Standard 1: Grundsätze zur Durchführung von Unternehmensbewertungen. WPg 53:825–842

Jevons WS (1970) The theory of political economy, edited with an introduction by RD collison black. Macmillan, New York

Künnemann M (1985) Objektivierte Unternehmensbewertung. Peter Lang, Frankfurt

Kurz HD (2008) Hermann Heinrich Gossen (1810–1858). In: Kurz HD (Hrsg) Klassiker des ökonomischen Denkens. C.H. Beck, München, S 196–215

Kurz HD (2009) Wer war Hermann Heinrich Gossen (1810–1858), Namensgeber eines der Preise des Vereins für Socialpolitik? Schmollers Jahrb 129:473–500

Kurz HD, Sturm R (2013) Die größten Ökonomen: Adam Smith. utb, Konstanz

Lexis W (1895) Grenznutzen. In: Conrad J et al (Hrsg) Handwörterbuch der Staatswissenschaften, Bd 1. G. Fischer, Jena

Lorson P, Häußler M, Martens E (2015) Geschichte und Denker der Betriebswirtschaftslehre. In: Schweitzer M, Baumeister A (Hrsg) Allgemeine Betriebswirtschaftslehre, 11. Aufl. Erich Schmidt, Berlin

Matschke MJ (1976) Der Argumentationswert der Unternehmung – Unternehmensbewertung als Instrument der Beeinflussung in der Verhandlung. BFuP 28:517–524

Matschke MJ (1993) Einige grundsätzliche Bemerkungen zur Ermittlung mehrdimensionaler Entscheidungswerte der Unternehmung. BFuP 45:1–24

Matschke MJ, Brösel G (2013) Unternehmensbewertung, 4. Aufl. Springer Gabler, Wiesbaden

Mazzucato M (2018) The value of everything. Makting and taking in the global economy. Allan Lane, Milton Keynes

Meek RL (1973) Precursors of Adam Smith; edited with an introduction and notes by Ronald L. Meek. Rowman and Littlefield, London

Mellerowicz K (1926) Grundlagen betriebswirtschaftlicher Wertungslehre. Volkswirtschaftliche Verlagsgesellschaft, Berlin

Mellerowicz K (1952) Der Wert der Unternehmung als Ganzes. Essen, Girardet

Menger C (1871) Grundsätze der Volkswirtschaftslehre. Wilhelm Braumüller, Wien

Moral F (1920) Die Abschätzung des Wertes industrieller Unternehmungen. Springer, Berlin

Moxter A (1980) Die Bedeutung der Grundsätze ordnungsgemäßer Unternehmensbewertung. ZfbF 32:454–459

Moxter A (1983) Grundsätze ordnungsmäßiger Unternehmensbewertung, 2. Aufl. Gabler, Wiesbaden

Myrdal G (1932) Das politische Element in der nationalökonomischen Doktrinbildung. Junker & Dünnhaupt, Berlin

Nietzsche F (1980) Vom Nutzen und Nachteil der Historie für das Leben. Sämtliche Werke, Kritische Studienausgabe in 15 Bänden, Bd 1. de Gruyter, Berlin/New York

Ott AE (1997) Grundzüge der Preistheorie, 3. Aufl. Vandenhoek & Ruprecht, Göttingen

Priddat B (1998) Theory of subjective value in German national economics. Int J Soc Econ 25: 1509–1519

Quesnay F (1972) Quesnay's Tableau Economique [1759], edited by M. Kuczynski and RL Meek. MacMillan, New York

Quill T (2016) Interessengeleitete Unternehmensbewertung. Springer Gabler, Wiesbaden

Quill T, Homfeldt NB (2018) Unternehmensbewertung im Spannungsfeld zwischen Recht und Wissenschaft. M&A Rev 29:266–270

Reimherr A (2006) Die philosophisch-psychologischen Grundlagen der Österreichischen Wertlehre: Franz Brentano und Carl Menger. Dissertation, Universität Würzburg

Roncaglia AJ (1985) Petty: the origins of political economy. Sharp, New York

Samuelson PA (1947) Foundations of economic analysis. McGraw Hill, New York

Schildbach T (2017) Der objektive Unternehmenswert: ein Phantom als moderne Hydra. BFuP 69:257–274

Schiller F (2017) Was heißt und zu welchem Ende studiert man Universalgeschichte? Eine akademische Antrittsrede. Reclam, Ditzingen

Schmalenbach E (1954) Die Beteiligungsfinanzierung, 8. Aufl. Westdeutscher, Köln

Schmidt KH (2002) Merkantilismus, Kameralismus und Physiokratie. In: Issing O (Hrsg) Geschichte der Nationalökonomie, 4. Aufl. Vahlen, München, S 37–66

Schmölders G (1961) Geschichte der Volkswirtschaftslehre. Springer Gabler, Wiesbaden

Schneider D (1984) Managementfehler durch mangelndes Geschichtsbewusstsein in der Betriebswirtschaftslehre. Z Unternehmensgesch 29:114–130

Schumpeter J (2009) Geschichte der ökonomischen Analyse, Bd 1. utb, Göttingen

Serfling K, Pape U (1995a) Theoretische Grundlagen und traditionelle Verfahren der Unternehmensbewertung. WISU 24:808–820

Serfling K, Pape U (1995b) Das Ertragswertverfahren als entscheidungsorientiertes Verfahren der Unternehmensbewertung. WISU 24:940–946

Sieben G (1976) Der Entscheidungswert in der Funktionenlehre der Unternehmensbewertung. BFuP 28:491–504

Sieben G (1992) Zur Wertfindung bei der Privatisierung von Unternehmen in den neuen Bundesländern durch die Treuhandanstalt. Betrieb 45:2041–2051

Sieben G (1993) Unternehmensbewertung. In: Wittmann W (Hrsg) HwB, Bd Teilband 5, 5. Aufl. Schäffer-Poeschel, Stuttgart, S 4315–4331

Smith A (1776) An inquiry into the nature and causes of the wealth of nations. printed for W. Strahan and T. Candell, London

Swedberg R (1991) Joseph A. Schumpeter. His life and work. Polity Press, Cambridge

Tönnes WA (2017) Unternehmensbewertung als Rechtsproblem. M&A Rev 28:448–455

Vaggi G, Groenewegen P (2003) A concise history of economic thought. Palgrave Macmillan, New York

Van Suntum U (2013) Die unsichtbare Hand, 5. Aufl. Springer, Berlin

Von Mises L (1933) Grundprobleme der Nationalökonomie. Gustav Fischer, Jena

Wagenhofer A (1988) Die Bestimmung von Argumentationspreisen in der Unternehmensbewertung. ZfbF 40:340–359

Walras L (1885) Un économiste inconnu: Hermann Heinrich Gossen. J Économistes 30(4):60–90

Von Wieser F (1884) Über den Ursprung und die Hauptgesetze des wirtschaftlichen Werthes. Alfred Hölder, Wien

Vorläufer der Unternehmensbewertung

2

2.1   Bewertungsansätze in Mesopotamien

Ob es Unternehmen oder unternehmensähnliche Organisationen bereits in den Hochkulturen Mesopotamiens (dem heutigen Irak) gab, ist nicht bekannt. Bekannt ist allerdings, dass in dieser Zeit bereits extensiv Handel auch über weite Strecken getrieben wurde und auch Aufzeichnungen über Vorräte, Erträge etc. angefertigt worden sind. Auf Tontafeln wurde die Menge von Tieren, für die ein Mitarbeiter verantwortlich war, notiert. Oder es gab Aufzeichnungen darüber, wie viele Mengen Silber, Weizen, Kleidung etc. jemand schuldete. Damit steht das Rechnungswesen am Anfang der Entwicklung von zwei grundlegenden Kulturtechniken: Dem Zählen und dem Schreiben (Mattesich 1994; Schmandt-Besserat 1977).

Aus dieser Zeit sind aber auch die ersten Business-Pläne bekannt (vgl. Goetzmann 2016, S. 37 f.). Auf einer Tafel, die in der Stadt Drehem, einem Vorort der sumerischen Stadt Nippur im heutigen Irak gelegen, gefunden wurde und, die in die dritte Dynastie von Ur (ca. 2100 vor Christus) datiert wird, finden sich solche Aufzeichnungen. Drehem war ein Umschlagplatz für den Viehhandel. Auf der Tafel wird das Wachstum einer Herde beschrieben. Die Erträge der Kühe in Form von Milch und Käse werden hochgerechnet und in Silber bewertet. Das Schriftstück wird von den Forschern zum Plan erklärt, weil seine Annahmen unrealistisch bzw. idealtypisch sind: Kein Tier stirbt, jedes Paar aus Kuh und Stier hat pro Jahr ein männliches oder weibliches Kalb. Durch die Vermehrung tritt ein exponentielles Wachstum ein, nicht viel anders als bei vielen modernen start-ups, die auch idealtypisch planen (Nissen et al. 1993, S. 97). Viele start-ups planen mit dem hockey-stick Effekt. Zunächst werden Verluste oder nur kleine Gewinne gemacht, in der ferneren Zukunft wird das Geschäft dann aber sehr erfolgreich: Diese Perioden, die kein Gutachter mehr genau nachvollziehen kann, sind aber quantitativ für die Bewertung allerdings sehr wichtig.

© Springer Fachmedien Wiesbaden GmbH, ein Teil von Springer Nature 2020   21
S. Behringer, *Eine kurze Geschichte der Unternehmensbewertung*,
https://doi.org/10.1007/978-3-658-28703-0_2

Auch die Kenntnis von Zinseszins war in Mesopotamien bereits vorhanden. Dies beweisen Tontafeln mit Formeln zur Berechnung von Zinseszinsen (vgl. Neugebauer 1968, S. 34). Die theoretischen Voraussetzungen zur Bewertung von Unternehmen und Projekten wären also bereits vorhanden gewesen.

2.2   Bewertungsansätze im antiken Griechenland

Private Aktivitäten im Bereich Bergbau (z. B. bei den athenischen Silberminen) prägten das Finanzsystem im antiken Griechenland. So wurden z. B. die Lizenzen für den Betrieb der attischen Silberminen von Athen an private Geschäftsleute im Zuge von Auktionen veräußert (Aperghis 1998).

Unsere Erkenntnisse über diese Zeit entstammen insbesondere dem Justizsystem. Mit einem funktionierenden Rechtssystem war eine der Voraussetzungen für eine räumliche und sächliche Expansion des Wirtschaftslebens erreicht. Zur Zeit des klassischen Athens (ab ca. 500 bis ca. 330 vor Christus) gab es auch bereits Banken, die komplexe Finanztransaktionen vornahmen. Erkenntnisse können insbesondere aus einem Prozess, von dem die Verteidigungsrede des Philosophen Demosthenes erhalten ist, abgeleitet werden. Demosthenes klagte einen Unternehmer an, der die Lizenz für eine Mine erworben hatte. Mit geliehenem Kapital kaufte er sich dann in eine Partnerschaft ein, die Ausrüstung und Sklaven besaß, um die Mine zu betreiben. Die Sklaven und Ausrüstungsgegenstände dienten als Sicherheit für den aufgenommenen Kredit. Die Partner des Angeklagten verkauften die Sklaven und Geräte mit der Vereinbarung, dass der Angeklagte Sklaven und Gegenstände weiterhin mieten würde. Der Angeklagte hatte die Aktiva aber bereits für den Kredit zur Begleichung der Kaufsumme verpfändet (Goetzmann 2016, S. 89 f.). Dies zeigt die außerordentliche Komplexität mit der im antiken Athen Finanzgeschäfte betrieben werden.

Für Veräußerungen von Unternehmen, eine wesentliche Ursache für und Anwendung von Unternehmensbewertungen, fehlten im antiken Athen jedoch die Voraussetzungen. Die Geschäfte waren strikt personengebunden. So war eine Bank eine personengebundene Institution, die von dem persönlichen Einsatz des Bankers lebte – ähnlich wie heute bei den freien Berufen. Institutionen, die unabhängig von einzelnen natürlichen Personen rechtlich und wirtschaftlich existieren konnten, gab es noch nicht (Cohen 1992, S. 62 f.).

2.3   Bewertungsansätze im antiken Rom

Große Unternehmen erfordern den Zusammenschluss von mehreren Personen, also eine Gesellschaft. Aus römischen Quellen ist bekannt, dass es viele dieser Gesellschaften, genannt societas, gab. In dieser Partnerschaft einigten sich freie römischen Bürger darauf, Gewinne und Verluste aus einer gemeinsamen Tätigkeit zu teilen (Hansmann et al. 2005, S. 1356). So gab es Banken, Schiffsgesellschaften, Sklavenhändler oder Hersteller von Fischsaucen, an denen mehrere Eigentümer beteiligt waren (Sirks 2018, S. 73). Zwei oder mehr Personen, im Übrigen auch Sklaven sofern sie über die Zustimmung ihrer Herrschaft verfügten, konnten sich durch Einigung zu einer Gesellschaft zusammenschließen. Unternehmensbewertung im heutigen Sinne gab es jedoch nicht. Eine Übertragung der Gesellschaft war grundsätzlich nicht möglich. Der Tod, die Insolvenz oder der Wunsch nach dem Ende durch einen der Partner führte automatisch zur Auflösung der Gesellschaft. Außerdem waren die societas keine Rechtspersönlichkeiten. Die Vermögensgegengestände gehörten den Partnern, nicht der Gesellschaft. Auch deshalb war eine Übertragung der Geschäftstätigkeit nicht möglich.

In der Geschäftspraxis bildete sich jedoch eine Form von Unternehmen heraus, die veräußerbar war (Abatino et al. 2011, S. 370 ff.). Es handelte sich um von Sklaven geführte Gesellschaften (negotiatio per servos communes). Diese erhielten ein „peculium" an einem Unternehmen. Ein peculium bezeichnet das Eigentum, das an Personen übertragen worden ist, die von Rechts wegen selbst nur eingeschränkt erwerben dürfen. Mit dem Rechtstitel peculium dürfen sie den Gegenstand selbstständig bewirtschaften, Eigentümer bleibt jedoch die Herrschaft (Bund 1977, S. 577 f.), die nach römischem Recht auch Eigentümer des Sklaven ist. So wurde die Bewirtschaftung des Unternehmens an den Sklaven übertragen, der Sklave war selbst im Eigentum von zwei oder mehr Partnern. Damit konnte zum einen die Haftung begrenzt werden, da nur diejenigen Vermögensgegengestände, die im peculium waren zur Haftung herangezogen werden konnten (Abatino et al. 2011). Der pater familias war haftbar für die wirtschaftlichen Handlungen seiner Sklaven und im Übrigen auch der Söhne, die Haftung wurde aber beschränkt auf diejenigen Gegenstände, die dem peculium zugeordnet waren (Djankov et al. 2008). Mit dem Verkauf des Sklaven konnte man gleichzeitig auch das peculium verkaufen. Für die Unternehmensbewertung bedeutet dies, dass man zwar keinen Wert für das Unternehmen benötigt, aber für den Sklaven. Stand hinter dem peculium eine societas von freien Männern, so mussten allerdings alle anderen Mitglieder der societas dem Eigentumsübergang auf einen neuen Herren zustimmen (Abatino et al. 2011, S. 377). Auf der anderen Seite konnte die Herrschaft zu jeder Zeit und ohne Begründung alle Vermögensgegengestände aus dem peculium des Sklaven herauslösen und wieder in sein direktes Eigentum übertragen. Wie häufig dies genutzt wurde, ist umstritten. In der Literatur wird davon ausgegangen, dass das Konzept der Unternehmensübertragung unter Lebenden den Römern fremd war (Fleckner 2010). Die Trennung von Eigentum und Verfügungsgewalt über das Unternehmen war demgegenüber weit verbreitet und u. a. deshalb notwendig, weil Mitglieder des Senats, der wichtigsten staatlichen Institution während der römischen Republik, nicht selbst wirtschaftlich tätig sein durften.

Für große Partnerschaften z. B. Bauträger oder Lizenznehmer für die staatliche Steuereinziehung in den römischen Provinzen gab es Sonderregeln. An diesen societas publicanorum konnten sich auch externe Investoren beteiligen, ohne in die Haftung gehen zu müssen. Bei antiken Autoren gibt es Hinweise, dass man sich mit Anteilen (partes) an diesen Gesellschaften beteiligen konnte (Malmendier 2009, S. 1089). Diese wurden auch gehandelt. Bei Cicero findet sich die Aussage, dass es Anteile gab, die zur Zeit des Verkaufs einen niedrigen Preis hatten (zitiert nach Malmendier 2009, S. 1089), weil die Kurse

manipuliert worden sind. Auch wenn es noch keine offiziellen Methoden der Unternehmensbewertung gegeben hat, so mussten die römischen Aktionäre sich überlegen, was
eine Aktie wert ist und ob der Marktpreis angemessen ist. Althistoriker nehmen an, dass
auch Julius Caesar und andere Prominente des Römischen Reiches Aktionäre waren und
sich aktiv am Aktienhandel beteiligt haben (Badian 1972, S. 103).

Insgesamt waren die römischen Unternehmen schon sehr weit entwickelt und haben viele
der Elemente, die heute moderne Unternehmen prägen vorweggenommen. Insofern ist der
Aussage zuzustimmen, dass die Ehre, die Unternehmung erfunden zu haben, vollständig von
den Römern beansprucht werden kann (Micklethwait und Wooldridge 2003, S. 14).

2.4   Bewertungsansätze im Mittelalter

Man kann davon ausgehen, dass mit dem Zurückgehen der antiken Geldwirtschaft und
eine Rückentwicklung auf die Naturalwirtschaft auch das Interesse an wirtschaftlichen
Fragestellungen bis zum Beginn des 2. Jahrtausends zurückging (vgl. Kolb 2015, S. 10).
Mit Aufkommen der Scholastik beginnt die Philosophie erst wieder sich mit Fragen des
Wirtschaftens auseinanderzusetzen. Scholastik bezeichnet die Muße bzw. die freie Zeit,
sich den Wissenschaften zu widmen (Leinsle 1995, S. 1). In dieser Phase, deren Beginn
auf das 11. bis 12. Jahrhundert datiert wird, entwickelte sich die organisierte Lehre zwischen Lehrer und Schüler, was zur Gründung der ersten Universitäten führte. Grundge-
danke der Auseinandersetzung mit wirtschaftlichen Fragen war die Übereinstimmung von
wirtschaftlichen Erscheinungen und theologischen Lehren. Im Zuge dessen wurde die
Bestimmung des gerechten Preises, des iustum pretium ein Kernanliegen der Diskussion,
die ursprünglich auf Aristoteles zurückgeht. Der Kerngedanke der scholastischen Lehre
vom gerechten Preis geht auf Heinrich von Langenstein zurück (de Roover 1958, S. 419).
Wenn es die öffentlichen Autoritäten versäumen einen Preis zu fixieren, der gerecht ist, so
ist es Aufgabe jedes Händlers selbst, diesen festzulegen. Er soll so bemessen sein, dass für
Kosten und Arbeit nur so viel übrig bleibt, dass der Händler seinen sozialen Status halten
kann. Ein Gedanke, der sich auch bei dem Soziologen und Nationalökonomen Max Weber
und dem Ökonomen und Soziologen Werner Sombart findet, die die mittelalterlichen
Zünfte als Einrichtungen ansahen, dass Handwerker und Händler ihren Status behalten
sollten (de Roover 1958, S. 418). Dahinter steht der scholastische Gerechtigkeitsgedanke,
wie er sich bei Thomas von Aquin in seinem Hauptwerk Summa Theologica findet (vgl.
Thomas von Aquin 1984, Art. 58, Frage 2):

> Da Gerechtigkeit Ausgleich bedeutet, ergibt sich aus ihrem Wesen, daß sie auf einen anderen
> ausgerichtet ist, nichts nämlich ist sich selbst gegenüber ausgeglichen, sondern nur gegenüber
> einem anderen.

Der Dominikaner Albertus Magnus (ca. 1193 bis 1280) nannte die Gerechtigkeit als
Grundvoraussetzung für das menschliche Zusammenleben. Albertus war einer der Wegbe-

reiter der Wiederentdeckung von Aristoteles. Aus seinen Gerechtigkeitsvorstellungen folgt, dass auch Tauschvorgänge gerecht sein müssen. Für ihn zeigte sich die Gerechtigkeit von Tauschvorgängen durch die Wertgleichheit, in einem Tausch wird Gleiches mit Gleichem vergolten. Ökonomisch heißt das, dass gleiche Mengen von Arbeit und Kosten ausgetauscht werden. Dies sind nicht gleiche Güter – dieser Tausch würde unsinnig sein. Sondern die Kosten und Arbeitszeiten zur Herstellung der getauschten Güter sind gleich. Wenn die ausgetauschten Mengen an Arbeit und Kosten nicht gleich wären müsste der Hersteller sein Gewerbe aufgeben. Zudem müssen – um das Prinzip der Gerechtigkeit nicht zu verletzen – beide Tauschpartner das gleiche Verlangen nach dem Gut des Tauschpartners haben. In der Praxis wird von Albertus derjenige Preis als gerecht angesehen, der auf dem jeweiligen Markt gilt (Schreiber 1913, S. 47 f.). Neu an der Theorie Albertus Magnus ist insbesondere die hohe Wertschätzung für die menschliche Arbeit, die in der Antike eher als lästiges Übel angesehen worden ist (Serfas 2012, S. 19). Allerdings übersieht er eine wichtige Bedingung für das Zustandekommen von Tauschbeziehungen. Damit ein Tausch zustande kommt muss der Veräußerer den Wert des Gutes geringer schätzen als die Gegenleistung, der Erwerber hingegen muss den Wert des Preises niedriger einschätzen als das erworbene Gut. Das Zustandekommen eines Tauschvorgangs setzt voraus, dass die Tauschpartner jeweils einen Nutzenzuwachs erwarten.

Thomas von Aquin, Schüler des Albertus Magnus, gilt als der größte Theologe des Mittelalters. In seinem Hauptwerk „Summa Theologica" entwickelt er basierend auf den Gedanken des Albertus Magnus die Theorie des gerechten Preises weiter. Er geht in zwei Schritten vor (Lapidus 1994, S. 435 ff.): Zunächst wird der gerechte Preis an sich begründet, anschließend wird die Messung des gerechten Preises beschrieben. Der gerechte Preis begründet sich zum einen durch Arbeit und Kosten aber auch durch die Bedürfnisse. Gemessen werden soll der gerechte Preis in Geld. Thomas verkennt aber nicht, dass der reale Preis vom gerechten Preis abweichen kann z. B. dadurch, dass einer der Tauschpartner über das Tauschobjekt nicht richtig informiert ist oder weil die Informationen über das Tauschobjekt manipuliert ist. Der gerechte Preis ist derjenige, der sowohl für den Käufer als auch für den Verkäufer akzeptabel ist. Dies gilt solange beide vollständig über das Tauschobjekt informiert sind und beide tugendhaft und rechtschaffen sich verhalten. Eine Transaktion – sei es um ein materielles Gut oder ein Unternehmen – kann unter diesen Voraussetzungen nur zum gerechten Preis zustande kommen. Über die Berechnung eines gerechten Preises macht Thomas widersprüchliche Angaben. Historiker kommen deshalb zu dem Schluss, dass er den Marktpreis als gerechten Preis angesehen hat (de Roover 1958). Klarer findet sich dies bei Bernhardin von Siena (1380–1444), der den Preis als gemeinschaftliche Entscheidung angesehen hat. Dieser kann entweder durch die Behörden fixiert oder eine gemeinsame Einschätzung aller Beteiligten sein, also über den Markt zustande kommen. Eine dritte moderne Interpretation der Gedanken des Thomas von Aquin (vgl. Koehn und Wilbratte 2012) sieht den gerechten Preis als denjenigen Preis an, den eine gerechte Partei für den Tausch akzeptieren würde. Insgesamt gibt die scholastische Theorie des gerechten Preises viele Probleme wieder, die für die Unternehmensbewertung ebenfalls relevant sind. Allerdings fehlt aufgrund von

Interpretationsproblemen ein praktischer Hinweis Preise Güter tatsächlich berechnet zu können. Würde es diese Hinweise geben, wäre eines der Kernprobleme der Unternehmensbewertung bereits im Mittelalter gelöst gewesen.

Damit ist die Lehre vom gerechten Preis genauso zu betrachten wie die sonstigen Errungenschaften der Scholastik: Man hat sich immer wieder auf mathematische Methoden bezogen ohne selbst viel zu rechnen (Maier 1966, S. 1966, S. 114 f.). Als praktische Handlungsanweisung für Bewertungsgutachter taugen die scholastischen Ideen daher nicht.

2.5   Das Zinsverbot als mittelalterliche Rahmenbedingung

2.5.1   Entwicklung des Zinsverbots von der Antike bis zum Mittelalter

Ein Euro heute ist mehr wert als ein Euro morgen. Diese Aussage klingt wie eine Binsenweisheit und fasst doch eine der Grundlagen der modernen Ökonomie in einfache Worte. Der Grund für diese simple Aussage ist, dass der Euro heute einen sofortigen Konsum ermöglicht. Bei dem Euro morgen muss man auf die Realisierung des Konsums noch einen Tag länger warten. Die Verschiebung des Konsums muss bezahlt werden, dafür gibt es einen Preis des Geldes, den Zins (Samuelson und Nordhaus 2009, S. 500). Er spielt daher für die Investitionsrechnung eine ganz entscheidende Rolle. Übersetzt auf das Problem der Investitionsrechnung muss die Zeit berücksichtigt werden, um folgende Sachverhalte korrekt zu erfassen:

- Die Auszahlung steht am Anfang der Zahlungsreihe.
- Die Einzahlungen folgen der Auszahlung nach. Die Einzahlungen laufen kontinuierlich über einen längeren Zeitraum.

Das einfachste Kalkül für die Investitionsrechnung wäre der Vergleich der Auszahlung mit den kumulierten Einzahlungen, dies würde aber den Zeitwert des Geldes nicht korrekt berücksichtigen. Insofern müssen Modelle gefunden werden, die die Zeit berücksichtigen und Zahlungen zu verschiedenen Zeiten vergleichbar machen.

Die Berücksichtigung von Zeit in betriebswirtschaftlichen Kalkülen ist ein altes Problem. Die menschliche Lebenserwartung spielt eine besondere Rolle, da Legate, Leibrenten und Alimente, die bereits in römischer Zeit zu bezahlen waren, direkt an die Lebenserwartung des Begünstigten anknüpfen. Eine einfach handhabbare Regelung wurde von dem römischen Juristen Ulpian (170–228) entwickelt. Er widmet sich dem Problem des gegenwärtigen Wertes von Zahlungen, die an der Lebensdauer des Begünstigten anknüpfen, in pragmatischer Weise. Der Gegenwartswert einer Leibrente ist abhängig von dem gegenwärtigen Lebensalter des Begünstigten (Schneider 1994, S. 330):

- Der Begünstigte ist jünger als 20 Jahre: Der Gegenwartswert entspricht 30 jährlichen Zahlungen.

- Der Begünstigte ist zwischen 20 und 25 Jahren: Der Gegenwartswert entspricht 28 jährlichen Zahlungen.
- …
- Der Begünstigte ist älter als 60 Jahre alt: Der Gegenwartswert entspricht 5 jährlichen Zahlungen.

Der Ansatz ist pragmatisch und ähnelt den später entwickelten Sterbetafeln.[1] Dieses Verfahren wurde in die Gesetzessammlung „corpus iuris" des oströmischen Kaisers Justinian, der von 527 bis 565 regierte, übernommen (Hirtz 2008, S. 25). In den Überlegungen von Ulpian fehlt allerdings ein Zinssatz, der die mathematische Funktion übernimmt, Zahlungen zu verschiedenen Zeitpunkten vergleichbar zu machen. Die Beschäftigung mit Zinsen war lange mit besonderen Hürden verbunden. Die katholische Kirche stand dem Zinsennehmen kritisch gegenüber und hat ein Zinsverbot erlassen. Sie begründete Ihre Ansicht mit einigen Stellen des Alten Testaments:

„Wenn du Geld leihst einem aus meinem Volk, der arm ist bei dir, sollst du ihn nicht zu Schaden bringen und keinen Wucher an ihm treiben." (2. Buch Mose, Kap. 22, Vers 25.)

„Wenn dein Bruder verarmt und neben dir abnimmt, so sollst du ihn aufnehmen als einen Fremdling oder Gast, dass er lebe neben dir, und sollst nicht Zinsen von ihm nehmen noch Wucher, sondern sollst dich vor deinem Gott fürchten, auf dass dein Bruder neben dir leben könne. Du sollst von deinem Bruder nicht Zinsen nehmen, weder Geld noch mit Speise noch mit allem, womit man wuchern kann. Denn du sollst ihm dein Geld nicht auf Zinsen leihen noch deine Speise auf Wucher austun." (3. Buch Mose, Kap. 25, Vers 35 bis 38)

„Du sollst von deinem Bruder nicht Zinsen nehmen, weder Geld noch mit Speise noch mit allem, womit man wuchern kann. Wenn du Geld leihst einem aus meinem Volk, der arm ist bei dir, sollst du ihn nicht zu Schaden bringen und keinen Wucher an ihm treiben. und sollst nicht Zinsen von ihm nehmen noch Wucher, sondern sollst dich vor deinem Gott fürchten, auf dass dein Bruder neben dir leben könne. Von den Fremden magst du Zinsen nehmen, aber nicht von deinem Bruder, auf dass dich der HERR, dein Gott, segne in allem, was du vornimmst in dem Lande, dahin du kommst, es einzunehmen." (5. Buch Mose, Kap. 23, Vers 20 und 21)

„Den nimmt der Herr an … wer sein Geld nicht auf Wucher gibt und nimmt nicht Geschenke gegen den Unschuldigen: wer das tut, der wird wohl bleiben." (Psalm, Kap. 15, Vers 5)

„Wer sein Gut mehrt mit Wucher und Zins, der sammelt es für den, der sich der Armen erbarmt." (Sprüche, Kap. 28, Vers 8)

---

[1] Die systematische Beschäftigung mit Geburts- und Sterbefällen geht auf den Breslauer Pfarrer Caspar Neumann (1648–1715) zurück. Aus seinen Untersuchungen zu den Geburts- und Sterbefällen in den evangelischen Gemeinden Breslaus entwickelte der englische Astronom Edmund Halley (1656–1742) die erste wissenschaftliche Sterbetafel (vgl. Koch 1998, S. 30 ff.).

Aristoteles hat sich ebenfalls gegen den Zins ausgesprochen: „So ist der Wucher hassenswert, weil er aus dem Geld selbst den Erwerb zieht und nicht aus dem, wofür das Geld da ist. Denn das Geld ist um des Tauschens willen erfunden worden, durch den Zins vermehrt es sich dagegen durch sich selbst (…) Durch den Zins entsteht Geld aus Geld. Diese Art des Gelderwerbs ist also am meisten gegen die Natur." (Aristoteles Politik, 1. Buch 1258b). Die Vergabe von Krediten gegen Zinsen war aber wohl auch im antiken Griechenland verbreitet (Millet 1991, S. 5), so dass die Einschätzung von Aristoteles ethischen Gründen entstammt und nicht empirisch getrieben ist.

Auch im codex hammurapi des babylonischen Königs Hammurabi, der auf 1800 v. Chr. datiert wird, finden sich Regeln zum Zins. Allerdings wird hier kein striktes Zinsverbot ausgesprochen, sondern teilweise feste Zinssätze vorgegeben und nur Strafen für übermäßige Zinsen festgelegt (Klingenberg 1977, S. 14).

Die christliche Kritik am Zins ist mithin nur eine Fortsetzung der antiken Zinsverbotspolitik mit biblischen Argumenten. Bereits im Konzil von Nikaia 325 wurde das Zinsverbot für die Angehörigen des Klerus erlassen. Diese Regelung wurde immer weiter ausgedehnt und im 8. Jahrhundert durch Karl den Großen auch in weltliches Recht umgesetzt. Insbesondere im 12. und 13. Jahrhundert sind die Regeln zum Zinsverbot verschärft wurden. Auch die anderen Weltreligionen Judentum und Islam entwickelten Zinsverbote (Visser und MacIntosh 1998).

In der Zeit der Scholastik werden weitere Argumente zur Stützung des Zinsverbots entwickelt. Thomas von Aquin vertritt ähnlich wie Aristoteles die Auffassung, dass Geld ein Äquivalent für ein Gut darstellt und damit den Gütertausch leichter macht. Geld kann daher nur steril sein und keine Früchte aus sich selbst tragen (Langholm 1984, S. 71 f.). Geld ist ein „Schleier, hinter dem sich der ökonomische Verteilungsprozess verbirgt, und dessen Objekt (…) die Güter (…) sind." (Steuer 1936, S. 74). Mit dieser realwirtschaftlichen Sicht hat das gewährte Darlehen die Rolle eines Gegenwerts zu einem Gut, wie beispielsweise Nahrungsmitteln. Der Gläubiger hat das Recht das Gut zurück zu erhalten. Würde aber noch zusätzliches Geld in Form des Zinses erstattet, dann wäre die Entlohnung doppelt, was ungerecht wäre. Von daher waren die Scholastiker klar gegen den Zins. Erlaubt wurden lediglich die folgenden Zinstitel:

- Notdarlehen: Hier wird nicht der Gebrauch des Geldes überlassen, sondern Schaden abgewandt, und damit sind Zinsen erlaubt;
- Kann der Gläubiger aufgrund der Darlehensgewährung einen anderen Gewinn nicht realisieren, so kann er den entgangenen Gewinn in Form von Zins verlangen;
- Zahlt der Schuldner nicht fristgerecht das Darlehen zurück, kann für die Überziehung ein Zins verlangt werden.

Allerdings wurden aufgrund der ökonomischen Notwendigkeit zahlreiche Umgehungen vorgenommen. Darlehen wurden absichtlich so abgeschlossen, dass die Rückzahlung nicht fristgerecht erfolgen konnte. So konnte der Gläubiger erlaubte Zinsen nehmen. Häufig wurde der Kredit in einem normalen Kaufvertrag verkleidet. Die eigentlich verbotene

Verbindung von einem Kauf auf Ziel mit Zinsen wurde dadurch bemäntelt, dass der Preis, der auf Ziel fällig war, als „gerechter Preis" benannt wurde, der direkt fällige (niedrigere) Preis wurde mit einem freiwillig gewährten Rabatt begründet. Daneben wurden „freiwillige" Nebenleistungen wie Geschenke an den Gläubiger vergeben, um Zinsen zu tarnen. Mit den Umgehungsgeschäften ging aber auch die Transparenz verloren und der wahre Preis des Geldes war nicht mehr zu erkennen.

Die gesellschaftliche Stellung der Wucherer kommt in Dantes Göttlicher Komödie, die im 14. Jahrhundert entstand, sehr plastisch zum Ausdruck: Die Wucherer büßen am Abgrund der tiefsten Tiefen der Hölle im brennenden Sand untätig bei ihren Geldsäcken, auf die ständig Feuerflocken herabrieseln.

Neben sozialer Ausgrenzung lag das Risiko bei einem Gläubiger, der Zinsen offen oder verdeckt nimmt, darin, dass ein Schuldner seine Schuld nicht zurückzahlt und Klage erhebt, dass er Opfer einer Erpressung geworden ist. Zwar hat die Kirche den Wucher nur bei notorischen Tätern verfolgt (Le Goff 1979, S. 25 f.), die Tatsache Zins zu verlangen war aber an sich eine Todsünde, die beim Jüngsten Gericht zu ewiger Verdammnis führen musste. Am Beispiel von Genua ist von Galassi gezeigt worden, dass mit Kampagnen gegen die Zinsen durch den Klerus, es verstärkt Ausgaben von Genuesischen Kaufleuten in Ablässe und „Feuerversicherungen" bzw. „Pässe für den Himmel" gegeben hat. Die auf Zinsen angewiesenen Berufsgruppen haben versucht sich durch größere Zahlungen an die Kirche vom Fegefeuer freizukaufen (Galassi 1992, S. 313 ff.). Aufgrund dieses sozialen Drucks verwundert es nicht, dass es über lange Zeit kaum Fortschritte auf dem Gebiet der finanzwirtschaftlichen Methoden, die sich eines Zinses hätten bedienen müssen, gab.

Zinseszinsen sind notwendig, um den Zeitwert des Geldes in die Berechnung z. B. von Unternehmenswerten einzubeziehen. Ein Euro kann heute investiert werden und sofort Geld verdienen. Dieser Effekt wird durch die Verwendung von Zinseszinsen in den Barwert einer Projekt- oder Unternehmensbewertung einbezogen. Historisch gesehen galt das Nehmen von Zinseszinsen als die schlimmste Art von Wucher. So wurde es in verschiedenen mittelalterlichen Rechtsordnungen verurteilt. Der Koran verbietet ausdrücklich Zinseszinsen (für eine Diskussion über das Verbot von Zinsen am Islam siehe Chapra 2006, für historische Aspekte siehe Ackerman 1981): „O ihr, die ihr glaubt! Verschlinge nicht Wucher, Verdoppelung und Vervierfachung (die geliehene Summe). Beachtet eure Pflicht gegenüber Allah, damit ihr erfolgreich seid" (Koran 3,130).

Bereits in mesopotamischer Zeit, als Tempel Investitionen und Kredite anboten, wurden Zinseszinsen erhoben (Neugebauer 1996). Die Zinsberechnung erfolgte nach dem fünften Jahr, in dem der Kredit als „erwachsen" angesehen wurde (Kramer 1963, S. 93). Andererseits verkündeten die babylonischen und sumerischen Behörden regelmäßig Schuldenerlasse, um die Belastung der Schuldner zu verringern, deren Vermögen nicht in gleicher Weise steigen konnte wie ihre Schulden mit Zinseszinsen (Hudson 2000).

Die Mathematik der Zinseszinsen wurde im 16. und 17. Jahrhundert vertieft und im Geschäftsleben, z. B. in Italien (Smith 1953, S. 565), verwendet. 1566 veröffentlichte Jean Trenchant sein Buch „L'Arithmetique" (die Arithmetik) in Lyon; es enthielt ein Kapitel über Zinseszinsen. Trenchant ging die Fragen rein mathematisch an, ohne praktische Beispiele aus dem Geschäftsleben einzubeziehen (Lewin 1970, S. 128).

1613 veröffentlichte Richard Witt das Buch „Arithmetical Questions, Touching the Buying or Exchange of Annuities; Dealing for Present or Future Posessions; and Other Bargaines and Accounts". Witt war ‚ein Praktiker in der Kunst der Zahlen', wie auf dem Titelblatt des Buches erwähnt (Lewin 1970, S. 121). Dieses Buch zeigte das Konzept des Zinseszinssatzes unter Verwendung der Formel $(1 + i)^n$ und enthielt Tabellen mit einem Zinssatz von 10 %, der zu diesem Zeitpunkt der am weitesten verbreitete Zinssatz war. Das Buch fährt mit praktischen Ratschlägen zu den meist für Händler relevanten Problemen wie Schuldentilgung, Rentenberechnung usw. fort. Es lässt sich feststellen, dass im 17. Jahrhundert in England das Nehmen von Zinseszins im täglichen Geschäftsverkehr der Händler üblich war und sich das Konzept somit bereits im täglichen Leben etabliert hatte. Die theoretische Forschung und Ausarbeitung, die Voraussetzung für die Entwicklung und Verfeinerung von Anlagerichtlinien war, war jedoch noch nicht abgeschlossen.

2.5.2 Leibniz und die Überwindung des Zinsverbots

Leibniz wurde 1646 in Leipzig geboren, einer Zeit, in der Deutschland durch die Schrecken des Dreißigjährigen Krieges zerstört worden war, was seine lebenslange Beschäftigung mit dem Frieden erklärt. Sein Vater war Universitätsprofessor. Er wurde der letzte Mann, von dem man annahm, dass er das gesamte Wissen seiner Zeit kannte. Seine Leistungen reichten von der Entwicklung einer Maschine zur Messung der Windgeschwindigkeit bis hin zur Erfindung der Infinitesimalrechnung (bestehend aus Integral- und Differenzialrechnung). Letzteres wurde von Newton unabhängig entwickelt.

Sein Aufsatz „Meditatio Juridico Mathematica de Interusurio simplice" war für die Entwicklung und Umsetzung des Kapitalwerts von großer Bedeutung (Leibniz 1967, S. 125).

In seinem Aufsatz, von dem zwischen 1680 und 1683 mehrere Versionen geschrieben wurden, beginnt Leibniz mit der Definition von drei Prinzipien, von denen er glaubt, dass sich jeder in einer Situation, in der die eine Person der Kreditnehmer und die andere der Kreditgeber ist, einigen kann:

1. Jeder, der einen Geldbetrag früher als vertraglich erforderlich zurückzahlt, kann dafür einen angemessenen Zinsbetrag verlangen.
2. Zahlungen sind nicht erforderlich. Eine Verrechnung von Forderungen und Verbindlichkeiten ist ebenfalls zulässig.
3. Über frühere Zahlungen und/oder Verrechnungen können sich beide Parteien jederzeit einigen.

Nehmen wir an, dass der Schuldner heute einen Euro zahlt, obwohl er erst in einem Jahr fällig wäre. Die Folge von Grundsatz 1 ist, dass der Gläubiger auf diesen Betrag Zinsen zu zahlen hat. Da eine Verrechnung erlaubt ist (Grundsatz 2), kann der Schuldner die Zinsen auf seine Rückzahlung reduzieren. Wenn wir von einem Zinssatz von 5 % ausgehen, muss der Schuldner einen Euro Tilgung und fünf Cent Zinsen zahlen. Diese Zinsen sind jedoch ein Jahr nach der ursprünglichen Zahlungsfrist fällig. Infolgedessen muss der Schuldner die Zinsen, die er vom Gläubiger erhält, verzinsen. Die Zahlenreihe kann beliebig lange fortgesetzt werden. Die Logik, die Leibniz anwendet, ist nichts anderes als die Barwertregel.

Es ist interessant festzustellen, dass Leibniz während des Schreibens des „Meditatio" seine Ansicht über Zinseszinsen geändert hat. In der ersten Version kam er noch zu dem Schluss, dass Zinseszinsen inakzeptabel sind (Leibniz 2000a, S. 69), was zeigt, wie tief der Widerstand gegen Zinseszinsen im allgemeinen Denken seiner Zeit verwurzelt war. Dies spiegelt sich auch darin wider, dass er seine Arbeit mit Zinseszinsen verschleierte, indem er den Begriff „einfach (simplice)" in der Überschrift seiner Arbeit verwendete (von Bortkiewicz 1907, S. 73).

In der zweiten Version erwähnte er eine dem Barwert entsprechende Formel, die auch heute noch verwendet wird (Leibniz 2000b, S. 112):

$$a\left(\frac{v}{v+1}\right)^z$$

wobei a der Schuldenbetrag ist, z die Anzahl der Jahre ist, für die das Geld ausgeliehen wird und 1/v der Zinssatz ist. Wenn der Bruch um v reduziert wird und 1/v in moderner Notation mit i geschrieben wird, kann der moderne Barwert mit der folgenden Formel identifiziert werden:

$$a \cdot \frac{1}{\left(1+i\right)^z}$$

Im „Meditatio" wurde die Berechnung mit Zinseszinsen nicht explizit für Kredite festgelegt, sondern explizit für alle anderen Zahlungsreihen, wie z. B. Renten und Investitionen, angegeben. Leibniz gelingt der Sprung zur Projektbewertung, die bisher durch das religiöse Zinsverbot behindert wurde.

Obwohl Leibniz Arbeit nicht die Erfindung des Barwerts ist, leitet sie ihn logischerweise auf der Grundlage seiner drei leicht zu akzeptierenden Prinzipien ab. Er zog die Schlussfolgerung mit mathematischen und logischen Folgerungen; sie widersprach der vorherrschenden Meinung und Rechtslage der damaligen Zeit. Seine Kritiker argumentierten, dass durch die Verwendung von Zinseszinsen seine Theorie widerlegt wurde (siehe Übersicht in Schneider 1994, S. 335). Leibniz postulierte jedoch, dass die gesetzlichen Regeln den logischen Regeln folgen sollten; daher war seine Logik schwer zu widerlegen.

Leibniz Ansatz war sehr modern. Unter Verwendung von Zinseszinsen impliziert er, dass das zurückgezahlte Geld vom Gläubiger zum Zinssatz angelegt wird, der wiederum vom Schuldner bezahlt wird – eine Konsequenz, die in der modernen Anlagetheorie als Ergebnis des gesamten Marktmodells sichtbar ist.

Dennoch erfolgte die Umsetzung nur langsam. Das erste Land, das den Barwert umsetzte, war das Königreich Sachsen; es führte 1724 die Leibniz-Methode für öffentliche Streitigkeiten ein, bei der die Schulden vorzeitig zurückgezahlt wurden. Im Jahr 1804 folgten einige Kreise Preußens. In den meisten deutschen Staaten wurde die lineare Berechnung ohne Zinseszinsen bis 1829 fortgesetzt (Löhmann 1829, S. 80).

Leibniz' Berechnung spiegelte sich in den gängigsten mathematischen Lehrbüchern in Deutschland wider: Von Clausberg nutzte die Leibniz-Formel zur Schuldentilgung in seinem 1732 in Leipzig, erschienenen Buch „Demonstrative Rechenkunst" (von Clausberg 1795, S. 1263). Von Clausberg, der als der beste Mathematiker seiner Zeit galt, förderte die Leibniz-Formel. Sein Buch wurde zu einer der einflussreichsten Quellen für Berechnungsmethoden und wurde nach seinem Tod 1751 in verschiedenen Ausgaben veröffentlicht. De Florencourt diskutierte die Leibniz-Formel in seinem Buch („Abhandlungen aus der Juristischen und Politischen Rechenkunst"), das 1781 veröffentlicht wurde. Auch das 1782 erschienene Buch „Anleitungen zur Juristischen, Politischen und Ökonomischen Rechenkunst" von Johann Andreas Michelsen wurde positiv aufgenommen. Auch in diesem Buch wird die Leibniz Formel diskutiert.

Leibniz' Werk wurde auch in einigen Teilen der juristischen Literatur übernommen. Der deutsche Jurist Anton Friedrich Justus Thibaut schrieb in seinem Buch, das 1803 als „System des Pandektenrechts" veröffentlicht wurde: „Das einzige Prinzip, das zumindest theoretisch und allgemein richtig ist, ist das von Leibniz. ... mit Zinseszins für die verbleibende Zeit. ... Es gibt hier offensichtlich keinen Verstoß gegen das Gesetz, das die Aufnahme von Zinseszins verbietet" (Thibaut 1855, S. 164). Andere Wissenschaftler waren immer noch gegen die Anwendung der Leibniz-Regel. Das von Julius Weiske veröffentlichte Rechtslexikon für „Juristen Aller Teutscher Staaten" wies die Idee der Anwendung der Leibniz-Methode mit der Begründung zurück, er habe Zinseszinsen verwendet. Er favorisierte alternative Berechnungsmethoden mit einfachen Zinsen (Weiske 1844, S. 641).

Das Zinsverbot wurde in der katholischen Kirche zunächst beibehalten. In der Enzyklika „Vix pervenit" 1745 von Papst Benedikt XIV. wird das Zinsverbot noch einmal bekräftigt: „Die Sünde, die usura (Wucher) heißt und im Darlehensvertrag ihren eigentlichen Sitz und Ursprung hat, beruht darin, dass jemand aus dem Darlehen selbst für sich mehr zurückverlangt, als der andere von ihm empfangen hat […] Jeder Gewinn, der die geliehene Summe übersteigt, ist deshalb unerlaubt und wucherisch." (Enzyklika 1745) Erst 1822 schaffte die katholische Kirche das Zinsverbot ab und machte damit auch den Weg zur modernen Investitionsrechnung frei, denn ohne Zinsen gibt es keine Investitionsrechnung und Unternehmensbewertung.

2.5.3 Praktische Ansätze zur Unternehmensbewertung zu Zeiten des Zinsverbots

Die Theorie der Unternehmensbewertung ist eine moderne von Wissenschaft und Praxis entwickelte Lehre, mit vielen mathematischen Ableitungen versehen. Das Problem, den Wert eines Unternehmens zu ermitteln, ist allerdings nicht neu. So ist das Ausscheiden eines Gesellschafters aus einer gemeinsamen Unternehmung immer schon vorgekommen. Um die Vermögensauseinandersetzungen zu minimieren, wurden in den mittelalterlichen Ordnungen Regeln erlassen, insbesondere weil man schon erkannte, dass der einzelne Verkauf aller Gegenstände nicht den korrekten Gesamtwert eines Unternehmens abbildete. Die modernen Methoden mit der Diskontierung von Zahlungsströmen konnten sich noch nicht entwickeln, da das herrschende Zinsverbot und der immense Einfluss der katholischen Kirche die Entwicklung dieser Methoden verhinderten. Die mittelalterlichen Gesellschaften entwickelten daher pragmatische Methoden zur Bewertung von Unternehmen (Schneider 1979, S. 200):

- Das Lübecker und das Münchener Stadtrecht sahen vor, dass das Vermögen einer Handelsgesellschaft durch einen Schiedsrichter aufgeteilt wurde, wobei einzelne Vermögensgegenstände verlost wurden.
- Das Hamburger Stadtrecht von 1270 sah vor, dass der ältere Gesellschafter das Vermögen teilt und der jüngere wählen konnte, welchen Teil er übernehmen will. Wenn das Eigentum nicht zu teilen war, weil es z. B. aus einem Schiff bestand, musste der ausscheidungswillige Gesellschafter den unteilbaren Gegenstand schätzen, die übrigen Gesellschafter konnten sich innerhalb einer Frist entscheiden, ob sie das Geld oder den Gegenstand übernehmen wollten. Wählten die anderen Gesellschafter den Gegenstand, so hatten der ausscheidungswillige Gesellschafter die Wahl: Entweder er bleibt in der Gesellschaft oder er scheidet aus. Wenn er ausscheidet, hatte er den anderen Gesellschaftern seinen Anteil an dem Gegenstand zu dem von ihm abgeschätzten Preis zu überlassen. Allen Ansätzen gemein ist, dass verhindert werden soll, dass eine Seite übervorteilt wird. Dies entspricht auch der Herangehensweise von modernen Auktionsverfahren etc.

Allerdings gab es auch schon früh Diskussionen um Bewertungsprobleme. So erschien 1478 das Arithmetik-Buch von Treviso. Das Buch ist eines der ältesten gedruckten Rechenbücher. Es ist im Venezianischen Dialekt geschrieben. Da es nicht in Latein, der damaligen Bildungssprache geschrieben ist, kann man davon ausgehen, dass es sich insbesondere an Praktiker wendet, die sich in kommerziellen Rechentechniken üben wollten. In dem Buch wird die Aufteilung eines Unternehmenswerts beschrieben (Swetz 1987, S. 143):

Zwei Kaufleute, Sebastiano und Jacomo, haben Geld in eine Partnerschaft investiert. Sebastiano hat 350 Dukaten am 1. Januar 1472 investiert. Jacomo hat am 1. Juli 1472 500 Dukaten und 14 Grossi investiert. Am 1. Juli 1474 haben die beiden Kaufleute einen Gewinn von 622 Dukaten erwirtschaftet. Berechnet werden soll der Anteil von jedem der beiden, ohne dass einer dabei übervorteilt wird. Beachtet werden muss, dass 1 Dukat 24 Grossi entspricht und 1 Grossi 32 Pizzoli hat. Das Problem wird mit dem Dreisatz gelöst, was eine Umrechnung der Beträge in Grossi erfordert. Die Anteile sind 8400 Grossi für Sebastiano und 12.014 Grossi für Jacomo. Um die unterschiedlichen Haltedauern der Anteile zu berücksichtigen, wird der Anteil mit der jeweiligen Haltedauer in Monaten multipliziert. Sebastianos Anteile müssen mit 24 Monaten multipliziert werden, was einen Wert von 201.600 ergibt. Bei Jacomo muss berücksichtigt werden, dass er seine Anteile ein halbes Jahr später erworben hat. Multipliziert mit 18 Monaten ergibt sich ein Wert von 216.252. Um den Anteil des Gewinns aufzuteilen, wird die Summe aus beiden Anteilen (417.852) als Divisor bei dem folgenden Dreisatz für den Gewinn verwendet. Danach erhält Jacomo 321 Dukaten, 21 Grossi und 13 Pizoli. Sebastiano bekommt 300 Dukaten, 2 Grossi und 8 Pizoli. Das gerechte Ergebnis nach dem Arithmetik Buch von Treviso verwendet – entweder aus Vereinfachungsgründen oder aus Angst vor der Sünde – keinen Zinseszins. Die Ergebnisse würden sich bei der Verwendung von Zinseszins deutlich ändern (vgl. Poitras 1996, S. 11): Sebastiano würde 308 Dukaten bekommen und Jacomo 313 Dukaten. Da sich der Verzicht auf Zinseszins auch in anderen Rechenbüchern des ausgehenden Mittelalters findet, kann man davon ausgehen, dass er damals auch nicht in Gebrauch war.

Es ist davon auszugehen, dass insbesondere der Zinseszins, wenn möglicherweise doch angewandt, immer noch sozial geächtet war und daher nicht die Aufmerksamkeit in der Ausbildung bekommen hat. Es war daher auch nicht Teil der Ausbildung von Kaufleuten (Poitras 1996, S. 14). Dies änderte sich erst langsam. In dem französischen Rechenbuch „L'Arithmettique", das von Jean Trenchant geschrieben wurde und 1558 in erster Auflage erschien, waren Zinstabellen enthalten sowohl für Abzinsung als auch für Aufzinsung.

2.5.4 Ein Beispiel für eine Unternehmensbewertung in Frankreich: Honore de Bazacle

Ein frühes Beispiel für Unternehmensübernahmen sind die Zusammenschlüsse von Mühlen im südfranzösischen Toulouse in den Jahren 1372 und 1373 (vgl. ausführlich Le Bris et al. 2015). Das Unternehmen mit dem Namen Bazacle betrieb eine Mühle auf einer in dem Fluss Garonne gelegenen Insel. Die Wurzeln gehen auf Mühlen zurück, die ungefähr seit dem Jahr 1100 tätig waren. Im Jahr 1372 begann der Zusammenschluss zum Unternehmen Bazacle. Im Jahr 1888 verlegte man die Geschäftstätigkeit auf die Stromgewinnung aus Wasserkraft. 1946 wurde die Unternehmung verstaatlicht und Teil des französischen Stromanbieters EDF (Électricité de France). Das Wasserkraftwerk ist bis heute in Betrieb.

Flüsse waren in römischer Zeit res communes, also öffentliche Güter. Privateigentum an ihnen war nicht vorgesehen. In fränkischer Zeit änderte sich das. Die Garonne war in dieser Zeit im Einflussbereich eines Klosters. Die ersten Spuren finden sich im Jahr 1138: Vier Investoren haben sich zusammengetan, um gemeinsam eine Mühle zu betreiben. Sie bekamen die Konzession von dem Klostervorsteher (Sicard 2015, S. 19). Die Investoren haben ihr Kapital zusammengetan und damit eine große Mühle gebaut. Die erwirtschafteten Gewinne wurden nach den jeweiligen Kapitalanteilen verteilt. Im späteren Verlauf finden sich in den Archiven Belege für den Verkauf von Aktien. Eine Erlaubnis der anderen Anteilseigner war für die Durchführung des Verkaufs nicht notwendig. Außerdem konnte bei wirtschaftlichen Problemen eines Anteilseigners nicht auf das Vermögen des Unternehmens zurückgegriffen werden. Es zeigen sich daher erhebliche Fortschritte gegenüber der Situation in der römischen Geschichte, in dem die Handelbarkeit von Unternehmen nur über den Kunstgriff des Sklavenhaltens möglich war. Der Unternehmensbewertungsanlass des Kaufs und Verkaufs konnte also zum Tragen kommen. Auch ansonsten waren die Strukturen des Unternehmens modern: Eine Aktionärsversammlung bestimmte das Management, es gab die moderne Trennung zwischen Eigentum und Kontrolle. Auch die Zusammenarbeit verschiedener kleinerer Mühlen untereinander lässt sich belegen: Man hat sich wie eine Versicherung beispielsweise gegen Ereignisse wie Überflutungen und Feuer geschützt.

Im Jahr 1372 bildete sich dann aus insgesamt 12 kleineren Mühlen die Honore de Bazacle. Das Gründungsdokument existiert bis heute und wurde von Forschern detailliert untersucht (vgl. Le Bris et al 2019). Ebenso existieren Aufzeichnungen über die gezahlten Dividenden und die Gewinne des Unternehmens. In dem Gründungsdokument findet sich die erste Bewertung. Anschließend wurden bei Verkäufen von Anteilen die Verkaufspreise notariell festgehalten. Zumeist kam es zu einer bis vier Transaktionen pro Jahr. Die Zahl der Aktionäre bis zum 15. Jahrhundert bewegte sich zwischen 60 und 90. Es zeigt sich, dass die Preise stark mit den gezahlten Dividenden korrelieren. Phasenweise sehr niedrige Preise können zurückgeführt werden auf Zerstörungen der Anlagen durch Überflutungen oder Feuer. Das Unternehmen brachte seinen Aktionären eine jährliche Rendite von circa 5 % ein. Verkaufspreise lassen sich gut anhand der sich ändernden Dividenden erklären (siehe Abb. 2.1). Insofern scheinen die Ausschüttungen an die Aktionäre ein

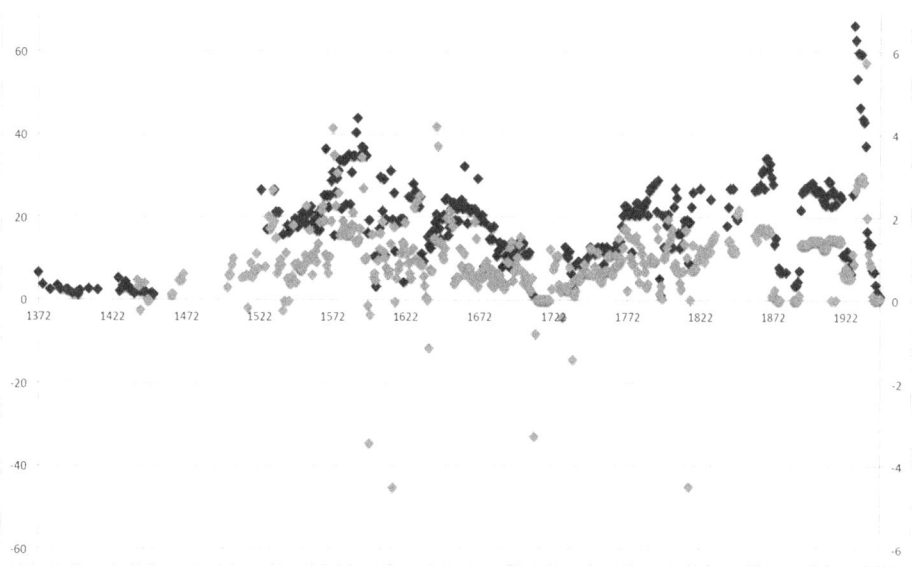

Abb. 2.1 Aktienkurse (linke Achse, schwarze Symbole) und Dividenden (rechte Achse, graue Symbole) der Honore de Balzacle in Toulouse zwischen 1372 und 1946 in Kilogramm Silber

starker wertbeeinflussender Faktor zu sein. Etwas, was sich auch in der modernen Theorie der Unternehmensbewertung als weit verbreitetes Instrument sowohl beim Ertragswertverfahren als auch bei der Discounted Cashflow Methode wiederfindet. Es sei aber auch hier schon darauf hingewiesen, dass es in der kapitalmarkttheoretischen Modellwelt auch das Irrelevanztheorem (vgl. ausführlich Kap. 5) gibt, das besagt, Dividenden haben keine Auswirkung auf den Unternehmenswert.

Gut belegen lässt sich auch der Zusammenhang zwischen Gewinnen und Verlusten des Unternehmens und dem Unternehmenswert, gemessen an den Preisen der Aktien, deren Verkaufspreise dokumentiert sind. Im Jahr 1427 sank der Preis der Mühlen anlässlich eines Feuers, der weite Teile zerstörte. Es kam zu zweiseitigem Druck auf den Preis: Aktionäre wollten aufgrund der schlechten Gewinnaussichten und der teuren Reparaturen verkaufen; neue Aktionäre wollten aufgrund der Unsicherheit, die mit den Reparaturen verbunden sind, noch nicht kaufen. Der Preis sackte ab. Ab dem Mai des Jahres 1427 stieg der Preis aber wiederum signifikant an. Die Reparaturen waren begonnen, aber noch weit davon entfernt wieder beendet zu sein. Der Preis stieg wieder an. Dies lässt sich mit der Zukunftsbezogenheit der Unternehmensbewertung erklären: Investoren sind an zukünftigen Gewinnen interessiert, sie antizipieren die Chance auf zukünftige Gewinne, was sich in erhöhten Kursen niederschlägt (Sicard 2015, S. 154).

Die Kursentwicklungen in der Honore de Bazacle Aktie sind auch ein gutes Argument gegen den Substanzwert: Würde der Preis der Aktien im Wesentlichen von den Grundstückwerten abhängen, so müsste sich die Aktienkursbewegungen im gleichen Rahmen gestalten, wie die Grundstückspreise in Toulouse. Die Analyse zeigt aber, dass sie eher von Gewinnen und Verlusten abhängen, die von der Mühle erwirtschaftet werden (Sicard 2015, S. 155). Dies zeigt sich auch daran, dass sich die Kurse der Aktien ungefähr parallel zu den Einwohnerzahlen des mittelalterlichen Toulouse entwickelten. Dies lässt sich damit erklären, dass das Mahlen von Getreide notwendig ist für die Versorgung der Bevölkerung mit Grundnahrungsmitteln. Pro zusätzlichen Kopf gibt es eine zusätzliche Nachfrage. Die Bevölkerungszahl ist somit als ein Werttreiber zu identifizieren, der für das Gedeihen von Mühlen passend ist.

2.6   Die Bewertung der South Sea Company

Aktiengeschäfte begannen in der frühen Neuzeit, weite Teile der vermögenden Bevölkerung zu interessieren. Zeugnis davon legen Quellen mit Informationen zu Entwicklungen von Aktienkursen ab. Beispielsweise befasst sich der niederländische Dichter Joseph de la Vega in seinem Buch „Verwirrungen der Verwirrungen" (de la Vega 1688) mit den Entwicklungen an den Börsen. Dort heißt es:

> The price of shares (in the Dutch East India Company) is now 580 … it seems to me that they will climb to a much higher price because of extensive cargoes that are expected from India, because of the good business of the Company, of the reputation of ist goods, of the prospective dividends and of the peace in Europe.

Aus diesem Zitat kann man schon erkennen, dass die fundamentalen Daten, die die zukünftigen Entwicklungen eines Unternehmens vorhersagen, auch nach den Ansichten im 17. Jahrhundert wertrelevant sind.

Im zweiten Jahrzehnt des 18. Jahrhunderts wurden Frankreich und England fast zeitgleich von großen Spekulationskrisen erschüttert (vgl. Pierenkemper 2011, S. 147). In Frankreich war die Spekulation um die Mississippi Gesellschaft prägend, die insbesondere mit dem Namen des schottischen Geschäftsmannes und Gelehrten John Law verbunden ist (vgl. Velde 2009, S. 99 ff.). Law, der sein Vermögen zunächst durch Glücksspiel machte, wurde durch seine Freundschaft zum französischen König in die Lage versetzt, seine geldpolitischen Vorstellungen in die Tat umzusetzen. John Law verband zwei Maßnahmen miteinander: Zum einen wollte er die Staatsschulden der finanziell völlig zerrütteten Krone Frankreichs durch die Ausgabe von Aktien der Mississippi Gesellschaft konsolidieren. Diese Gesellschaft hatte die Handelsmonopole für große Teile des französischen Außenhandels. Zum anderen wollte er das Vertrauen in das Geldwesen durch die Ausgabe von Papiergeld wiederherstellen: Beim bis dahin gebräuchlichen Edelmetallgeld führten ständige Münzverschlechterungen zu erheblichen Zweifeln der Untertanen an dem Geld. Law wollte mit Papiergeld, das jederzeit wieder in Gold umtauschbar ist, das Vertrauen zurückgewinnen. Dies führte zunächst zu erheblichen Kurssteigerungen der Aktien, was bei der Bank Royale in Frankreich aber die Schwierigkeiten erhöhte den Geldumtausch in Gold jederzeit sicherzustellen. Das Experiment mit Papiergeld scheiterte.

Parallel entwickelte sich in England die Südsee-Blase (South Sea Bubble, vgl. Carswell 1993). Die beiden Vorgänge waren auch insofern sehr ähnlich, da die South Sea Company ebenfalls eine Kolonialhandelsgesellschaft war, die sich zudem um die Übernahme der englischen Staatsschulden bemühte. Obwohl die Gesellschaft zahlreiche Privilegien insbesondere im Handel mit den spanischen Kolonien auf dem amerikanischen Kontinent verfügte, waren die Handelsaktivitäten begrenzt. Dies lag daran, dass die Privilegien kommerziell nur einen geringen Wert hatten. Die in Südamerika herrschenden Spanier erlaubten nicht mehr als eine Reise pro Jahr in die Gebiete, in denen die Handelsprivilegien bestanden. Erst 1717 konnte man die erste Reise unternehmen. Schon im Folgejahr kam es wieder zu Konflikten mit den Spaniern, so dass die Handelstätigkeit wieder eingestellt werden musste. Die Flotte wurde stattdessen für Einsätze abseits ihres eigentlichen Zwecks eingesetzt, die Gewinne wurden auch nicht über die Bücher des Unternehmens abgerechnet (Painter 2005, S. 7). Ökonomisch relevant für die South Sea Company waren mithin einzig die Transaktionen mit Bezug auf die Staatsschulden (Garber 1990, S. 48).

Im Wesentlichen befasste sich die Gesellschaft mit Transaktionen im Zusammenhang mit den englischen Staatsschulden: In 1719 gelang die erste Übertragung von Staatsschulden. Die Gesellschaft tauschte ungefähr 1 Mio. Pfund in Staatsschulden in neu ausgegebene eigene Aktien. Dafür erhielt die Gesellschaft feste Zinszahlungen vom englischen Staat. Eine Transaktion, die alle Beteiligten zufrieden stellte: Der Staat konnte seine Schuldzahlungen reduzieren, die Investoren sahen Kurssteigerungen ihrer Aktien und die South Sea Company konnte einen Gewinn vereinnahmen (vgl. Temin und Voth 2004, S. 1655). 1720 erhielt die Gesellschaft die gesamte Staatsschuld übertragen, nach dem sie sich mit der Bank of England ein Gefecht um den Zuschlag geboten hatte. Es entwickelte sich ein Umfeld mit vielen teilweise windigen Gründungen von Aktiengesellschaften und hoher Spekulation. In diesem Umfeld intervenierte der Gesetzgeber und erklärte bisherige Konzessionen für Aktiengesellschaften für nichtig. Diese Gesetzesinitiative war dabei gar nicht gegen die South Sea Company gerichtet. Im Gegenteil, wollte man die Liquidität im Markt umlenken von anderen fragwürdigen Gründungen, hin zu der mit Staatsschulden befassten South Sea Company. Auch die in Paris sich vollziehende Spekulationskrise konnte die immer weiter grassierende Spekulation nicht beenden. Es war die South Sea Company selbst, die ihre Aktionäre darauf hinwies, dass unberechtigter Aktienhandel zu gerichtlichen Konsequenzen führen würde. Nach dieser Ankündigung fielen die Kurse der Aktien, obwohl das Unternehmen weiterhin hohe Dividenden ausschüttete. Spekulanten, die ihre Aktien mit Krediten finanziert hatten, konnten ihre Kredite nicht mehr bedienen, die Spekulationsblase platzte. Die Regierung startete eine Untersuchung, die auch das Finanzgebaren der South Sea Company beinhaltete. Die Untersuchung förderte zahlreiche Fälschungen und Korruptionszahlungen zu Tage. So hatten die Hofdamen am Königshof Aktien ohne Gegenleistung erhalten, auch führende Politiker der damaligen Zeit bekamen Aktien. Insgesamt wurden Bestechungszahlungen in Höhe von 1,3 Mio. Pfund an Entscheidungsträger gezahlt (Scott 1911, S. 315). Sicherlich etwas, was bei dem Bieterwettbewerb mit der Bank of England geholfen hatte, um den Zuschlag für die Restrukturierung der Staatsschulden zu bekommen.

Die Liquidation der Gesellschaft dauerte noch bis zur Mitte des 18. Jahrhunderts, der überwiegende Teil des eingelegten Kapitals war verloren. Allerdings haben spätere Forschungen ergeben, dass die Auswirkungen auf die englische Gesamtwirtschaft, die kurz im Anschluss mit der Industriellen Revolution einen beispiellosen Aufstieg nahm, nur gering war (Emmett 2000). Einer der prominenten Opfer der Spekulationsblase war Isaac Newton, der zunächst enorm profitierte. Er verkaufte seine erheblichen Anteile an der South Sea Company zu Beginn der Blasenbildung zu einem Mehrfachen seiner Einstandspreise. Als die Blase sich immer weiterentwickelte und die Kurse explodierten, stieg er wieder ein, zu Kursen die wiederum ein Mehrfaches seiner Verkaufskurse ausmachten. Mit diesen Investitionen machte er dann erhebliche Verluste (vgl. Odlyzko 2018, S. 20 f.). Umgekehrt gab es auch Gewinner in der Spekulationsblase. So hat die britische Hoare's Bank signifikante Gewinne mit den Aktien des Unternehmens gemacht. Deren Spekulationsstrategie ist im Übrigen gut erforscht (vgl. Temin und Voth 2004, S. 1654 ff.), z. B. konnten durch Leerverkäufe substanzielle Gewinne erzielt werden.

In der Auseinandersetzung um die South Sea Bubble hat der Schriftsteller und Journalist Daniel Defoe (1660–1731) eine besondere Rolle gespielt. Bekannt ist er als Autor des Klassikers „Robinson Crusoe". Begonnen hatte Defoe seine Laufbahn als Kaufmann. Geboren als Sohn reicher Talghändler hatte er bei seinen Versuchen im Überseehandel jedoch nur wenig kommerziellen Erfolg. Später verlegte er sich erfolgreich auf das Schreiben, wobei er auch Auftragsschriften übernahm. Im Zusammenhang mit der South Sea Bubble flossen Gelder an Defoe, die sicherlich dazu dienten, ihn zu motivieren, positiv über das Unternehmen zu schreiben. Dies tat er in der von ihm geführten und von der Regierung finanziell unterstützten Zeitung „The Commentator". Seine Unterstützung stand dabei in klarem Gegensatz zu seinen Publikationen über die französische Mississippi Gesellschaft. Diese verdammte er als zum Scheitern verurteilt. Er verglich die beiden Geschäftsmodelle Mississippi und South Sea als: „a real Beauty and a painted whore" (zitiert nach Odlyzko 2018, S. 20).

Die Diskussionen um die Bewertung spielten eine große Rolle, insbesondere nachdem der Preis verfiel. Die Kursentwicklung ist detailliert in Abb. 2.2 dargestellt. Die Ursache für das Tempo des Preisverfalls ist bis heute nicht erforscht. Die fundamentalen Daten zeigen folgende Werte (Garber 1990. S. 52):

- Der Wert der Aktien war im September 1720 bei 164 Mio. Pfund
- Der englische Staat hatte eine Zahlungsverpflichtung gegenüber der South Sea Company von 1,9 Mio. Pfund pro Jahr bis zum Jahr 1727; ab diesem Jahr lag die Zinszahlung bei 1,5 Mio. Pfund pro Jahr. Wenn man den Wert dieser Forderungen der South Sea Company mit einem langfristigen Zinssatz von 4 % diskontiert, ergibt sich ein Gesamtwert dieses Vermögensgegenstandes von 40 Mio. Pfund.
- Das Unternehmen hatte zudem 6 Mio. Pfund Schulden in Anleihen und 7,1 Mio. Pfund Verpflichtungen für die vorhandenen Privilegien.
- Hinzu kamen Forderungen in Höhe von 11 Mio. Pfund und weitere 70 Mio. Pfund Forderungen gegenüber Aktionären. Alle diese Forderungen konnten nicht immer in ihrer Werthaltigkeit vollständig nachvollzogen werden.
- Es ergibt sich ein rechnerischer Gesamtwert von ca. 107 Mio. Pfund. Der Marktpreis an den Börsen übertraf den rechnerischen Wert also um ca. 60 Mio. Pfund oder ungefähr 40 %.

Abb. 2.2 Kursentwicklung der Aktie der South Sea Companys

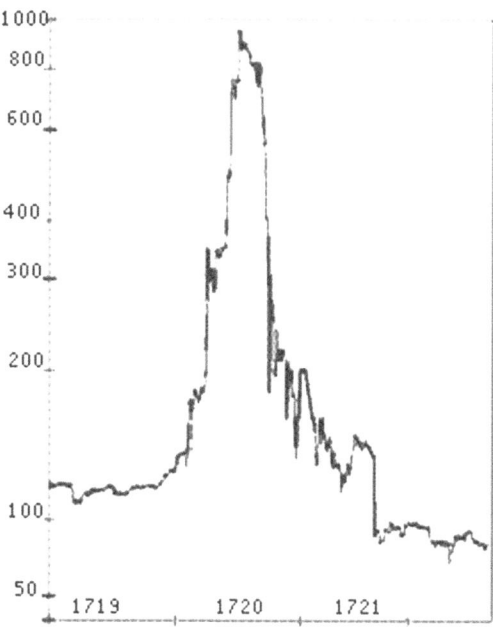

Die 60 Mio. zusätzlicher Wert können also nur durch spekulative Übertreibung oder durch Zukunftserwartungen, die beispielsweise auf dem nur wenig erfolgreichen und kaum ausgeübten Handel mit den spanischen Besitzungen in Amerika beruhen. Begründet werden kann dies sehr wohl, da sich insbesondere die Politik in Großbritannien nicht nur selbst an der Gründung beteiligt hat sondern auch die fortlaufenden Geschäfte immer wieder kommunikativ unterstützt hat. Dies bringt auch Historiker zu dem Schluss, dass die Aktienkurse kurz vor dem Crash zwar optimistisch gewesen sind, aber keineswegs völlig überhöht (vgl. Scott 1911, S. 313 f.).

In der öffentlichen Diskussion spielte zusätzlich noch eine Rolle, dass teilweise Aktien an die Aristokratie und Politik ohne Gegenleistung übertragen worden sind. Diese Schenkungen hatten sicherlich den Zweck, die notwendigen Konzessionen und Gefallen von Seiten der Politik zu erreichen. Die Zeitgenossen sprachen den vielen Aktien, die ausgegeben worden sind, eine Rolle bei dem späteren Crash des Aktienkurses zu. Historische Studien zeigen allerdings, dass es sich um nicht mehr als 1 % des ausstehenden Aktienkapitals gehandelt haben kann. Daher kann man davon ausgehen, dass die Wirkung auf die Kursentwicklungen, wenn überhaupt, nur sehr gering gewesen sein kann (vgl. Shea 2004).

Kritisch äußerten sich auch die Zeitgenossen. So äußerte sich der englische Parlamentarier Archibald Hutcheson bereits 1720 in mehreren Schriften. Er warnte davor, dass die Geschäftstätigkeit des Unternehmens niemals zu Dividenden für die Aktionäre führen können (Goetzmann 2016, S. 340). Daniel Defoe wandte sich gegen die Bewertung des Abgeordneten. In seinem „Essay on the South Sea Trade" aus dem Jahr 1720 (Defoe 1720) verteidigt er die Bewertung, die sich zu dem Zeitpunkt an den Börsen fand. Er vertrat in seinem Essay die Ansicht, dass allein die Übernahme der Regierungsschulden und die damit zusammenhängenden Zahlungen den Wert des Unternehmens rechtfertigen.

Diese große Krise hat also die Bewertung zum ersten Mal auch in die Öffentlichkeit gebracht. Ein Politiker und ein berühmter Journalist stritten sich in ihren Essays um Bewertungsfragen. Dies passiert heute – wenn überhaupt – sehr selten. Die Bewertungstechniken bedienten sich substanzwertorientierten Ansätzen, bei denen die Werte einzelner Vermögensgegenstände aufaddiert werden und dann die Schulden abgezogen werden. Bemerkenswert ist aber auch, dass Zahlungsströme mit einem Zinssatz diskontiert worden sind. Dazu muss man berücksichtigen, dass in den katholischen Ländern noch immer dem Zinsverbot gehorcht wurde, wobei England anglikanisch war und daher nicht unter dem Einfluss des päpstlichen Rechts stand. Die Börsennotierung der Aktien der South Sea Company erhöhte das Interesse der Öffentlichkeit und sorgte damit dafür, dass Bewertungsfragen auch breit diskutiert worden sind, da viele Anleger ein Interesse an diesem Unternehmen hatten.

Literatur

Abatino B, Dari-Mattiacci G, Perotti E (2011) Deüersonalisation of Business in Ancient Rome. Oxf J Leg Stud 31:365–389

Ackerman JM (1981) Interest rates and the law: a history of Usury. Arizona State Law J 12(1):61–110

Aperghis GG (1998) A reassessment of the laurion mining lease records. Bull Inst Class Stud 42(1):1–20

von Aquin T (1984) Recht und Gerechtigkeit, Theol. Summe II – II, Frage. IfG Verlagsgesellschaft, Bonn, S 57–79

Badian E (1972) Publicans and sinners: private enterprise in the service of the Roman empire. Cornell University Press, Ithaca

von Bortkiewicz L (1907) Wie Leibniz die Diskontierungsformel begründete. In: Festgabe für Wilhelm Lexius zur siebzigsten Wiederkehr seines Geburtstages. G. Fischer, Jena, S 59–96

Bund E (1977) Peculium. In: Ziegler K (Hrsg) Der kleine Pauly, Bd 4. dtv, München, S 577–578

Carswell J (1993) The south sea bubble. Alan Sutton, Dover

Chapra MU (2006) Why has islam prohibited interest? In: Thomas A (Hrsg) Interest in islamic economics. Routledge, New York, S 95–110

von Clausberg K (1795) Demonstrative Rechenkunst. Breitkopf. Sohn und Compagnie, Leipzig

Cohen EE (1992) Athenian economy and society: a banking perspective. Princeton University Press, Princeton

De la Vega J (1688) Confusion de la Confusiones. In: Fridson M (Hrsg) Extraordinary popular delusions and the madness of crowds and confusion de confusiones. John Wiley, New York

De Roover R (1958) The concept of the just price: theory and economic policy. J Econ Hist 18: 418–434

Defoe D (1720) The south sea scheme examined: and the reasonableness there of demonstrated. by a hearty wellwisher to public credit, 3. Aufl. J. Roberts, London

Djankov S, La Porta R, Lopez-de-Silanes F, Shleifer A (2008) The law and economics of self-dealing. J Financ Econ 88:430–465

Emmett RB (2000) Great bubbles. Reactions to the south sea bubble, the mississippi scheme and the tulip mania affair, Bd 3. Routledge, London

Enzyklika (1745) Vix pervenit. http://www.domus-ecclesiae.de/magisterium/vix-pervenit.teutonice.html. Zugegriffen am 07.12.2018

Fleckner AM (2010) Antike Kapitalvereinigungen: Ein Beitrag zu den konzeptionellen und historischen Grundlagen der Aktiengesellschaft. Böhlau, Köln/Weimar/Wien

de Florencourt C (1781) Abhandlungen aus der juristischen und politische Rechenkunst. Richter, Altenburg

Galassi FL (1992) Buying a passport to heaven: usury, restitution and the merchants of Medieval Genoa. Religion 22:313–326

Garber PM (1990) Famous first bubbles. J Econ Perspect 4:35–54

Goetzmann WN (2016) Money changes everything. Princeton University Press, Princeton

Hansmann H, Kraakman R, Squire R (2005) Law and the rise of the firm. Harv Law Rev 119: 1335–1403

Hirtz H (2008) Lebenserwartung und Leibrente. Statistisches Monatsheft Baden-Württ 5:24–28

Hudson M (2000) The mathematical economics of compound interest: a 4,000 year overview. J Econ Stud 27(4):344–363

Klingenberg E (1977) Das israelische Zinsverbot in Torah, Misnah und Talmud. In: Abhandlungen der geistes- und sozialwissenschaftlichen Klasse. Akademie der Wissenschaften und der Literatur, Mainz

Koch P (1998) Geschichte der Versicherungswissenschaft in Deutschland. VVW, Karlsruhe

Koehn D, Wilbratte B (2012) A defense of a thomistic concept of the just price. Bus Ethics Q 22:501–526

Kolb G (2015) Ökonomische Ideengeschichte. de Gruyter, Berlin

Kramer SN (1963) The Sumerians: their history, culture and character. University of Chicago Press, Chicago

Langholm OI (1984) The Aristotelian analysis of usury. Scandinavian University Press, Bergen

Lapidus A (1994) Norm, virtue and information: individual behaviour and the just price in Thomas Aquinas' Summa theologica. Eur J Hist Econ Thought 1:435–473

Le Bris D, Goetzmann WN, Pouget S (2015) The development of corporate governance in Toulouse: 1372–1946, working paper 21335. National Bureau of Economic Research, Cambridge

Le Bris D, Goetzmann WN, Pouget S (2019) Testing asset pricing theory on six hundred years of stock returns: prices and dividends for the Bazacle company from 1372 to 1946. J Financ Econ 134:248–265

Le Goff J (1979) The usurer and purgatory. In: Center for Medieval and Renaissance Studies (Hrsg) The dawn of modern banking. New Haven

Leibniz GW (1967) Meditatio juridico-mathematica de interusurio simplice. Blätter der DGVFM 8(2):189–195

Leibniz GW (2000a) Über den zwischenzeitlichen Zins, 1. Version. In: Knobloch E, Schulenburg JM (Hrsg) Hauptschriften zur Versicherungs- und Finanzmathematik. Akademie, Berlin, S 60–71

Leibniz GW (2000b) Juristisch-mathematische Betrachtung, 2. Version. In: Knobloch E, Schulenburg JM (Hrsg) Hauptschriften zur Versicherungs- und Finanzmathematik. Akademie, Berlin, S 106–113

Leinsle U (1995) Einführung in die scholastische Theologie. Schöningh, Paderborn

Lewin CG (1970) An early book on compound interest. Richard witt's arithmetical questions. J Inst Actuaries 96(2):121–132

Löhmann F (1829) Handbuch für juridische und staatswirthschaftliche Rechnungen. Barth, Leipzig

Maier A (1966) Die Vorläufer Galilei sim 14. Jahrhunder. Edizione die Storia e Letteratura, Rom

Malmendier U (2009) Law and finance „at the origin". J Financ 47:1076–1108

Mattesich R (1994) Accounting as a cultural force: past, present and future. Eur Account Rev 3:354–374

Michelsen JAC (1782) Anleitung zur juristischen, politischen und öcomenischen Rechenkunst. Verlag des Waisenhauses, Halle

Micklethwait J, Wooldridge A (2003) The company. A short history of a revolutionary idea. Phoenix, London

Millet (1991) Lending and borrowing in ancient Athens. Cambridge University Press, Cambridge

Neugebauer (1968) The exact sciences in antiquity. Brown University Press, Mineola

Neugebauer O (1996) The exact sciences in antiquity. Courier Corporation, Chelmford

Nissen HJ, Damerow P, Englund RK (1993) Archaic bookkeeping. University of Chicago Press, Chicago

Odlyzko A (2018) Isaac Newton, Daniel Defoe and the dynamics of financial bubbles. Financ Hist 124:18–21

Painter RW (2005) Ethics and corruption in business and government: Lessons from the South Sea bubble and the bank of the United States, Fulton Lectures. Working Paper, University of Chicago

Pierenkemper T (2011) Von der Tulpenkrise zum Finanzmarktkollaps. Das Allgemeine im Besonderen. Jahrbuch für Wirtschaftsgeschichte 52:139–159

Poitras G (1996) From commercial arithmetic to life annuities: The early history of financial economics, 1478–1776. Working Paper, Department of Economics and Statistics, National University of Singapore

Samuelson P, Nordhaus WD (2009) Economics, 19. Aufl. McGraw Hill, New York

Schmandt-Besserat D (1977) An archaic recording system and the origin of writing. Syro-Mesopotamian Stud 1:1–32

Schneider D (1979) Zur Wissenschaftsgeschichte der Planung und Planungsrechnung oder: Leibniz als Betriebswirt. In: Mellwigt W (Hrsg) Unternehmenstheorie und Unternehmensplanung. Gabler, Wiesbaden, S 191–206

Schneider D (1994) Allgemeine Betriebswirtschaftslehre, 3. Aufl. Oldenbourg, München

Schreiber E (1913) Die volkswirtschaftlichen Anschauungen der Scholastik seit Thomas V. Aquin, Bd 1. G. Fischer, Jena

Scott W (1911) The constitution and finance of English, Scottish, and Irish joint stock companies to 1720, Bd I. Cambridge University Press, Cambridge

Serfas J (2012) Gerechter Preis, gerechter Lohn. Ein Vergleich von scholastischer und klassischer Theorie. Josef Eul, Lohmar

Shea GS (2004) Rational pricing of options during the South Sea bubble: valuing the 22. August 1720 options. Working Paper, University of St. Andrews

Sicard G (2015) The origins of corporations – the mills of Toulouse in the Middle Ages. Yale University Press, New Haven

Sirks B (2018) Law, commerce and finance in the Roman Empire. In: Wilson A, Bowman A (Hrsg) Trade, commerce, and the state in the Roman world. Oxford University Press, Oxford, S 53–115

Smith DE (1953) History of mathematics, Bd 2. Ginn and Company, New York

Steuer G (1936) Studien über die theoretischen Grundlagen der Zinslehre bei Thomas von Aquin. W. Kohlhammer, Stuttgart

Swetz FJ (1987) Capitalism and arithmetic: the new math of 15th C. including the full text of the Treviso arithmetic. Open Court, La Salle

Temin P, Voth HJ (2004) Riding the South Sea bubble. Am Econ Rev 94:1654–1668

Thibaut AFJ (1855) An introduction to the study of jurisprudence. T & JW Johnson, London

Velde FR (2009) Was John law's system a bubble? In: Atack J, Neal L (Hrsg) The origin and development of financial markets and institutions. From the seventeenth century to the present. Cambridge University Press, Cambridge, S 99–120

Visser WAM, MacIntosh A (1998) A short review of the historical critique of usury. Account Bus Financ Hist 8(2):175–189

Weiske J (1844) Rechtslexicon für Juristen aller teutschen Staaten enthaltend die gesamte Rechtswissenschaft, Bd 5. Otto Wigand, Leipzig

Der Beitrag der Land- und Forstwirtschaft
und der Bergwerksbewertung zur
Unternehmensbewertung

3

3.1 Hintergrund der Auseinandersetzung mit betriebswirtschaftlichen Fragen der Land- und Forstwirtschaft

Der Beginn der praktischen Literatur zu wirtschaftlichen Problemen in der Landwirtschaft wird von Schumpeter (Schumpeter 2009, S. 214) auf das 13. Jahrhundert in Großbritannien datiert. Ab dem 15. Jahrhundert vervielfältigen sich die Schriften auf diesem Gebiet parallel zu einem neuen Handelsgeist in der Landwirtschaft. Auf dem europäischen Kontinent sind auf diesem Gebiet in der praktischen Anwendung die Niederländer führend während insbesondere italienische Autoren die literarische Welt prägen (Schumpeter 2009, S. 214). Ab dem 18. Jahrhundert gewinnen deutsche Autoren immer mehr an Einfluss und prägen die Diskussion, die daraufhin auch international rezipiert wird.

Die Frage nach der Bewertung von Landgütern und forstwirtschaftlichen Betrieben stellt sich schon seit langer Zeit. Ein Handel mit dieser speziellen Form von Unternehmen hat schon lange vor der Industrialisierung und damit vor der modernen Betriebswirtschaftslehre stattgefunden. Wesentliche Unterschiede in den Grundstrukturen der Bewertungsproblematik sind auf den ersten Blick nicht erkennbar (Abel et al. 2015, S. 227). Der Bewertungslogik ist es grundsätzlich egal, ob das Unternehmen industriell oder landwirtschaftlich geprägt ist. Die forst- und landwirtschaftliche Betriebslehre gilt daher als „Vorbild einer praktisch-gestaltenden Einzelwirtschaftslehre" (Schneider 2001, S. 179). Schneider hebt sogar hervor, dass die landwirtschaftliche Betriebslehre als ein systematisch übergeordnetes Ganzes die Allgemeine Betriebswirtschaftslehre bis weit in die 1920er-Jahre hinein übertrifft (Schneider 2001, S. 182). Dabei geht die Beschäftigung mit Problemen, die heute der Betriebswirtschaftslehre zugerechnet werden, in land- und forstwirtschaftlichen Schriften bereits auf antike Vorläufer zurück (Schneider 1994, S. 85 ff.). Der Bereich der Forstwirtschaft ist auch einer der wenigen Bereiche in denen die deutschen

© Springer Fachmedien Wiesbaden GmbH, ein Teil von Springer Nature 2020
S. Behringer, *Eine kurze Geschichte der Unternehmensbewertung*,
https://doi.org/10.1007/978-3-658-28703-0_3

Wirtschaftswissenschaften international anerkannte und bedeutende Beiträge geleistet haben (Hampicke 1992, S. 75). Bedeutung haben die Erkenntnisse der Forstwirtschaft bis heute bei dem „modernen" Begriff Nachhaltigkeit, der im 18. Jahrhundert von der Forstwissenschaft geprägt worden ist. Der Oberberghauptmann in der mittelsächsischen Bergwerks-Stadt Freiberg Carl von Carlowitz beschrieb 1713 das Prinzip der Nachhaltigkeit so, dass nur diejenige Menge Holz aus einem Wald genommen werden darf, die wieder nachwächst. Ziel ist es zu großen Raubbau zu vermeiden, um damit die Ressourcen als ökonomische Basis der Waldwirtschaft nicht zu zerstören (vgl. Pufé 2017, S. 37).

Die Forstwirtschaft setzte bereits früh Techniken ein, in denen Zinsen eine Rolle spielten. So findet sich der Begriff „Verzinsung" in den Forstgesetzen des Fürstentums Neuburg, die 1577 in Kraft traten und 1690 ergänzt wurden. Hier wurde geregelt, dass der Nutznießer eines Forstbetriebs dann zur Zahlung der Erträge der letzten sechs Jahre verpflichtet war, wenn der Wald „überhauen" wurde. Der so erlöste Geldbetrag wurde dann angelegt und der Lehensgeber hat das Recht auf den Zinsertrag für ewige Zeiten (Endres 1923, S. 204).

Auch Fragen der Unternehmensbewertung waren schon früh Gegenstand der Land- und Forstwirtschaftsbetriebslehre. In vielen Lehrbüchern spielt die Bewertung von Wäldern eine Rolle. Dabei wurde die in Kap. 1 dieses Buch bereits diskutierte Unterscheidung zwischen Wert und Preis schon vorgenommen. Der Forstwissenschaftler Winkler stellt seinem Lehrbuch aus dem Jahre 1836 das folgende programmatische Motto voran (Winkler 1836):

> Nicht immer ist wie Jeder weiß auch eines Dinges Werth sein Preis.

Dies entspricht der modernen Unterscheidung zwischen dem individuellen Wert, der die eigene maximale Zahlungsbereitschaft ausdrückt und dem am Markt realisierten Preis.

Ebenfalls ist in den Schriften der forstwissenschaftlichen Literatur bereits die Diskussion um den risikoadäquaten Zinsfuß zu finden (vgl. für eine Übersicht Moog 2012, S. 167). Beispielhaft sei aus dem Werk von Nördlingers (1805, S. 375) zitiert:

> Die Größe der Zinsen eines Kapitals richtet sich, unter übrigens gleichen Umständen, vorzüglich nach der Sicherheit und Gewißheit, womit sowohl die Zinsen als auch das Kapital selbst erhoben werden können. Je gesicherter ein Kapital ist, desto geringere Prozente, und umgekehrt. Deshalb begnügt man sich bey der großen Sicherheit eines auf Grundstücke verwendeten Kapitals mit sehr geringen Prozenten.

Von Nördlinger war Mathematiker und arbeitete als Oberforstrat im heutigen Baden-Würtemberg. Erstaunlich an seiner Vita ist, dass er die Ernennung zum Professor für Forst- und Kameralwissenschaften in Tübingen „aus Bescheidenheit" (Schwappach 1888, S. 817) ablehnte. Etwas, was man selten in wissenschaftlichen Laufbahnbeschreibungen zu lesen bekommt. Man kann erkennen, dass die forstwirtschaftlich geprägte wissenschaftliche Diskussion schon sehr weit fortgeschritten war und viele moderne Aspekte der Unternehmensbewertung vorweggenommen hat.

Eine Besonderheit der Waldbewertung besteht in der Länge des Planungshorizonts, da die Zeitabstände von der Aufforstung bis zu den Erträgen aus der Waldbewirtschaftung deutlich länger sind als in anderen Produktionsbetrieben. Es gibt nicht nur den derzeitigen Holzbestand. Zudem wird bei einer nachhaltigen Waldbewirtschaftung ein gleichbleibender Einkommensstrom erwirtschaftet, der dann auf den Barwert diskontiert wird. Eine andere Alternative, die sich in der historischen Literatur findet, ist die Summe aus dem Ertragswert des derzeitigen Holzbestands und dem Bodenwert, der nach Nutzung des bestehenden Holzes weiterhin verwendet werden kann, zu bilden (Abel et al. 2015).

3.2 Exemplarische Methoden der Waldbewertung

Die erste deutsche Quelle, die die Idee aufwirft, Wälder mit einer Diskontierung von zukünftigen Erträgen zu bewerten, geht auf Georg Heinrich Zincke zurück. Zincke war Professor zunächst in Leipzig und später in Braunschweig. Er war ein Vertreter des Kameralismus, dem deutschen Pendant zum französisch geprägten Merkantilismus. Ziel dieser auch akademischen Disziplin war es, Methoden zu entwickeln, die den Reichtum der regierenden Fürsten maximieren sollten. Daher stammt auch der Name. Die Kamer ist die Behörde, die sich um den fürstlichen Haushalt zu kümmern hatte (Bardmann 2018, S. 54). Der Begriff lebt fort im Amt des Kämmerers, dem Beamten, der für den kommunalen Haushalt der Städte und Gemeinden zuständig ist. Um die Mehrung des fürstlichen Reichtums zu erreichen, soll der Staat eigene Wirtschaftsbetriebe betreiben, unter anderem auch land- und forstwirtschaftliche Betriebe. Daneben sollte der private Handel gefördert werden, um die fürstlichen Zoll- und Steuereinnahmen zu maximieren. Die Kameralwissenschaften sollten dabei praktische Handlungsanleitungen liefern. Dies galt sowohl für Polizeyangelegenheiten, also Dinge, die mit der staatlichen Verwaltung zu tun haben, Fiscalangelegenheiten, also wirtschaftspolitischen Fragestellungen sowie Cameralia, den Fragen der fürstlichen Einnahmen und Ausgaben. Daneben sind auch Oeconomiesachen Gegenstand dieser Wissenschaft. Darunter werden einzelwirtschaftliche Fragestellungen verstanden. Die Kameralwissenschaften fassten relativ schnell Fuß an den Universitäten. Der preußische König Friedrich Wilhelm I. richtet 1727 die ersten beiden Lehrstühle für Kameralwissenschaften in Halle und Frankfurt/Oder ein.

Zinckes Buch „Anfangsgründe der Cameralwissenschaften" (1755) enthält einige wenige Seiten zur Bewertung von Forstwirtschaften. In diesem Teil schlägt er vor, die Erträge auf ihren Gegenwartswert zu diskontieren. Ein Verweis auf Quellen findet nicht statt, obwohl die Gedanken ähnlich bereits in Großbritannien kurze Zeit vorher veröffentlicht worden sind. So veröffentlichte Richards in Großbritannien 1730 ein Werk mit dem Titel „Gentleman's Steward and Tenants of Manors Instructed". In diesem Werk ging es darum, „rationale und einfache Regeln und Tabellen zu finden zur Bewertung von Land" (Richards 1730). Interessanterweise bot sich der Autor selbst als Bewertunsgutachter auf einer der Umschlagseiten des Buches an. Dies zeigt, dass die Ansätze auch tatsächlich in der Bewertungspraxis angewendet worden sind (bzw. zumindest kommerziell vermarktet worden sind).

Friedrich August von Burgsdorff veröffentlichte 1796 (Burgsdorff 1796) im Auftrage des preußischen Königs Friedrich Wilhelm II. ein Forsthandbuch, das für die Ausbildung von Forstbeamten eingesetzt werden sollte. In diesem zweibändigen Werk vertrat er eine Position, die der objektiven Bewertung gleichkommt. Als Zweck der Bewertung gibt er die Suche nach dem „wahren Wert" an, der als Grundlage für Kauf, Verkauf oder Verpfändung dienen kann (Burgsdorfff 1796, S. 238 f.). Die Funktion die der Bewerter dabei übernehmen soll ist diejenige des Schiedsrichters, Die im Konflikt zueinander stehenden Parteien sollen sich am Ende des Bewertungsprozesses dem Urteil des Gutachters unterwerfen. Dabei unterstellt er eine Identität von Wert und Preis. Der relevante Betrag ergibt sich als Barwert des nachhaltig mit dem Wald erzielbaren Wertes. Sehr modern erscheint die Ableitung des Diskontierungsfaktors: Dieser ergibt sich aus einem risikolosen Zinssatz (sichere Alternativanlage). Dieser ist dann zu adjustieren um das Risiko (Besorgnis) und die Arbeitskraft, die aufgewendet werden muss, um den Wald zu bewirtschaften (analog zum Unternehmerlohn, der heute nach den gängigen Standards berücksichtigt werden muss). Bei von Burgsdorff findet sich auch der Gedanke der ewigen Rente. Die gleichbleibenden Erträge aus dem Wald werden mittels eines Diskontierungssatzes auf ihren Barwert diskontiert. Die so entstehende Formel wird in der Literatur als Waldrentierungswertformel bezeichnet (Abel et al. 2015).

Wenige Jahre später erscheint das Werk von Cotta (1763–1844). Er gilt als einer der Begründer der modernen Forstwirtschaftslehre und hat weltweit Bedeutung als Wissenschaftler in diesem Bereich erlangt. Cotta unterscheidet drei Wertkonzepte in seinem Werk (1804):

- Gemeiner Wert
- Außerordentlicher Wert
- Wert der besonderen Vorliebe

Besondere Bedeutung bekommt der gemeine Wert, der auch den ökonomischen bzw. den wahren Wert darstellt. Dieser hat die größte Bedeutung, dem außerordentlichen Wert kann Bedeutung zukommen, während der Wert der besonderen Vorliebe von dem Autor wieder verworfen wird. Berechnet wird der gemeine Wert durch eine Diskontierung der Erträge, die in dem Wald erwirtschaftet werden. Dabei unterscheidet Cotta sich aber von seinen Zeitgenossen darin, dass er den Kalkulationszinsfuß nicht um einen Risikozuschlag erhöht, sondern einen niedrigen Zinssatz als angemessen ansieht. In den Beispielen in dem Werk liegen die verwendeten Zinssätze bei 2 oder 3 %. Damit nahm Cotta eine Diskussion des zwanzigsten Jahrhunderts vorweg: Der schwedische Ökonom Bertil Ohlin, insbesondere durch das Heckscher-Ohlin Modell (vgl. Krugmann und Obstfeld 2004, S. 105 ff.) der Außenwirtschaft bekannt geworden, wunderte sich in einem Aufsatz von 1921 (Ohlin 1921), warum Wälder häufig überbewertet seien. Waldwerte sind mit den normalen Marktzinsen nicht erklärbar. Ohlin beantwortet seine Frage selbst damit, dass die besondere Sicherheit, die ein Wald bietet auch einen niedrigeren Zins rechtfertigt als er z. B. bei festverzinslichen Anleihen anzusetzen ist.

Hossfeld hat 1805 (Hossfeld 1825) als erster eine Planungsrechnung mit Diskontierung zur Bestimmung von Forstwerten beschrieben. Er ging davon aus, dass ein Bewertungsgutachter alle Einnahmen, die mit dem Wald in Zusammenhang stehen, prognostizieren müsse. Diese sollen dann mit einem Kapitalisierungszins auf den Gegenwartswert diskontiert werden. In seinen Schriften wird auch die Grenzpreiseigenschaft des so ermittelten Wertes korrekt erläutert. Der so errechnete Wert stellt Gleichheit zwischen Erwerb des Waldes und der alternativen Anlage zum Kapitalisierungszinsfuß her.

Auch bei dem bereits zitierten Werk von Nördlingers (Matschke 2015, S. 242 ff.) gibt es sehr moderne Anklänge an die Unternehmensbewertung. Er geht in einem Beispiel von einem Waldbestand auf einer festen Fläche Boden aus. Auf dieser Fläche wird regelmäßig Holz geschlagen, das zu Einzahlungen führt. Die Ertragsprognose wird detailliert vorgenommen, wobei sowohl das Holzwachstum als auch die Preisentwicklung für Holz herangezogen werden. Von den zu erwartenden Einzahlungen werden die Kosten der Ernte abgezogen. Hier erkennt man den Grundsatz der Zukunftsbezogenheit, der auch in der modernen Unternehmensbewertungstheorie vertreten wird. Von Nördlinger ist Anhänger einer subjektiven Wertkonzeption (Quill 2016, S. 93 f.). Er geht davon aus, dass der Wert eines Waldgebiets von Person zu Person variiert, da der potenzielle Nutzen, den eine Person aus dem Wald ziehen kann auch variiert. Nördlinger illustriert dies dadurch, dass er beschreibt, dass ein Entscheidungsträger einen schlechten Wald kaufen kann. Dies wird er aber sicherlich in der Hoffnung tun, die Erträge aus diesem bislang schlechten Wald zu verbessern.

Besondere Aufmerksamkeit hat der Beitrag von Faustmann (1822–1876) erreicht. Seine in 1849 vorgestellte Formel, bekannt als Faustmann-Formel (Faustmann 1849) hat auch international erhebliche Bedeutung erlangt und ist weitgehend auch in der ökonomischen Wissenschaft rezipiert worden (Samuelson 2012). Faustmann fast in seinem Aufsatz eigentlich nur den Stand der damaligen Wissenschaft zusammen. Der nachhaltige Ertrag eines Waldes wird auf seinen Gegenwartswert diskontiert. Er betont den Aspekt der Zukunftsbezogenheit: In seiner Bewertung spielt die Ertragskraft des nackten Bodens, der noch kein Holz trögt eine besondere Rolle. Es geht um die Antwort auf die Frage (Faustmann 1849, S. 442):

> Welches ist der reine Geldertrag, den ein jetzt holzleerer Waldboden immerwährend in jährlich gleicher Größe liefert?

Damit kann er auch davon abstrahieren, was passiert, wenn in einzelnen Jahren die Holzernte durch Naturkatastrophen vernichtet wird und kein Ertrag erzielt wird. Vielmehr betrachtet Faustmann die vollständige Reihenfolge einer Waldbewirtschaftung: Die Bewirtschaftung beginnt mit der Erstinvestition, bei der Setzlinge gekauft und gepflanzt werden können. Die Setzlinge brauchen einen bestimmten Zeitraum bis sie geschlagen werden können. Durch den Holzverkauf kommt es zu Erträgen. Aus diesen Erträgen müssen neue Setzlinge gekauft werden, die dann wiederum den gleichen Zeitraum brauchen bis sie geschlagen werden können. Dieser Vorgang wiederholt sich unendliche Male in der

Zukunft. Die Ertragsüberschüsse, die bei jedem Erntevorgang erzielt werden, werden dann mit einem Kapitalisierungszinsfuß auf ihren Gegenwartwert diskontiert. Neben der Waldbewertung findet die Faustmann-Formel bis heute insbesondere Anwendung bei der Bestimmung des optimalen (wertmaximierenden) Fällzeitpunkts von Bäumen (vgl. Helmedag 2008, S. 157 ff.). Die optimale Zeitspanne soll auch laut Faustmann bei der Bewertung der Waldflächen benutzt werden. Faustmann betont, dass der Kauf so beschaffen sein muss, dass er für beide Parteien Nutzen stiftet (Faustmann 1854, S. 83):

> Eine Werthsberechnung muß immer so beschaffen sein, daß für die berechnete Werthsumme das Objekt […] an einen Dritten, ohne Verlust für beide Theile, überlassen werden kann.

Die Rezeption der Faustmann-Formel war insbesondere in den USA bedeutend. Viele frühe amerikanische Ökonomen erhielten ihre Ausbildung in Deutschland, z. B. bei Karl Knies in Heidelberg, einem Vertreter der deutschen historischen Schule der Nationalökonomie. Man kann also davon ausgehen, dass die Gedanken der deutschen forstwissenschaftlichen Literatur zur Waldbewertung die Begründer der modernen Investitionstheorie z. B. Irving Fisher beeinflusst haben. Sie sind mit großer Wahrscheinlichkeit mit den Gedanken dieser Denker in ihrer Ausbildung konfrontiert worden (Viitala 2016, S. 58).

3.3   Ansätze zur Bewertung von Bergwerken in der Literatur

Mit der Bewertung von Steinkohlebergwerken befasste sich der Oberbergwerksreferendar Karl von Oeynhausen (1797–1865). Er ist Namensgeber der Stadt Bad Oeynhausen, wo er eine heilende Quelle entdeckte und im Anschluss die Entwicklung des Ortes vorantrieb. Deshalb wurde die Stadt zu seinen Ehren von Bad Rehme in Bad Oeynhausen umbenannt. 1822 erschien sein Aufsatz „Über die Bestimmung des Kapitalwerthes von Steinkohlen-Zechen" (Oeynhausen 1822), in dem viele Gedanken der modernen Unternehmensbewertung vorweggenommen worden sind.

In seinem Werk verwendet Oeynhausen die Barwertrechnung, um ein Bergwerk zu bewerten. Zweck der Bewertung ist es, den „wahren Geldwert" festzustellen. Also einen objektiven Wert, der für jedermann gelten soll. Insbesondere weist der Bergwerksbeamte Oeynhausen darauf hin, dass spekulative Überlegungen bei der Taxierung keine Rolle spielen dürfen. Auch hier findet sich der Gedanke, dass bei einer guten Bewertung ein fairer Ausgleich zwischen Käufer und Verkäufer stattfinden muss, bei dem keiner der beiden jeweils einen Gewinn oder Verlust machen kann. Allerdings findet sich im weiteren Verlauf des Aufsatzes eine Unterscheidung zwischen Wert und Preis. Oeynhausen konstatiert, dass ein Käufer wahrscheinlich aufgrund der besonderen Risiken, die insbesondere bei Bergewerken vorhanden sind, nicht die vollständige Taxe bezahlen wird sondern einen geringeren Preis. Der Mut des Käufers bestimmt dann den angemessenen Abschlag von diesem Wert. In seinen Berechnungen nutzt der Autor einen Zinssatz von 5 %, verweist aber darauf, dass die besonderen Risiken beim Bergbau durchaus auch einen Kalkulationszinsfuß von 10 % rechtfertigen können (Oeynhausen 1822, S. 315).

Besondere Bedeutung bekommt das Werk von Oeynhausen bei der Benennung der Grenzpreiseigenschaft des ermittelten Unternehmenswerts. Er beschreibt die Taxe als die „äußerste Summe" (Oeynhausen 1822, S. 306), die ein vernünftiger Spekulant für den Erwerb des Bewertungsobjekts verwenden dürfte. Damit kommt er der modernen Begrifflichkeit nachdem der Entscheidungswert einer Unternehmensbewertung den Grenzpreis für Käufer bzw. Verkäufer darstellt, sehr nahe. Die Grenzpreiseigenschaft führt dazu, dass bei Beachtung des errechneten Unternehmenswerts, sich Käufer und Verkäufer durch die Unternehmenstransaktion nicht schlechter stellen. Der Käufer bekommt das Unternehmen, das ihm (bei ausschließlich finanziellem Interesse) einen mindestens gleichwertigen Geldzufluss bietet, wie der Kaufpreis. Der Verkäufer gibt das Eigentum an dem Unternehmen auf und muss dafür mindestens einen Kaufpreis erhalten, der diesen Eigentumsverlust ausgleicht. Das Ergebnis der Unternehmensbewertung entspricht in der modernen Theorie des Ertragswertverfahrens genau dieser Grenzpreiseigenschaft.

Literatur

Abel P, Moog M, van Riesen S (2015) Beiträge forstlicher Autoren zur Ideengeschichte der Unternehmensbewertung. BFuP 66:227–239

Bardmann M (2018) Grundlagen der Allgemeinen Betriebswirtschaftslehre. Geschichte – Konzepte – Digitalisierung, 3. Aufl. Springer, Berlin

Cotta H (1804) Systematische Anleitung zur Taxation der Waldungen. Johann Daniel Sander, Berlin

Endres M (1923) Lehrbuch der Waldwertrechnung und Forststatik, 4. Aufl. Julius Springer, Berlin

Faustmann M (1849) Berechnung des Wertes welchen Waldboden sowie noch nicht haubare Holzbestände für die Waldwirtschaft besitzen. Allg Forst-Jagdztg 15:441–455

Faustmann M (1854) Wie berechnet man den Geldwert junger, noch nicht haubarer Holzbestände oder überhaupt den Produktionswerth eines Holzbestandes? Allg Forst-Jagdztg 20:81–86

Hampicke U (1992) Ökologische Ökonomie. Westdeutscher, Opladen

Helmedag F (2008) Was lange währt, wird endlich gut: Die optimale Umtriebszeit in der Forstwirtschaft. In: Luderer B (Hrsg) Die Kunst des Modellierens, Mathematisch-ökonomische Modelle. Vieweg, Wiesbaden, S 157–165

Hossfeld W (1825) Wertsbestimmung der einzelnen Waldprodukte, ganzer Wälder. Hildburhausen

Krugmann P, Obstfeld M (2004) Internationale Wirtschaft. Theorie und Politik der Außenwirtschaft. Pearson, München

Matschke MJ (2015) Entscheidungsorientierte Bewertung von Forstwirtschaften. BFuP 66:240–267

Moog M (2012) Das Ertragswertkalkül in der Waldbewertungsliteratur am Anfang des 19. Jahrhunderts. Jahrbuch für Wirtschaftsprüfung, Interne Revision und Unternehmensberatung. de Gruyter, München

Oeynhausen C (1822) Über die Bestimmung des Kapitalwerthes von Steinkohlen-Zechen. Mit besonderer Berücksichtigung des Märkschen Kohlenbergbaues, Archiv für Bergbau und Hüttenwesen 5:306–319

Ohlin B (1921) Till fragen om skogarnas omloppstid. Festschrift to Knut Wicksell. Ekon Tidskr 22

Pufé I (2017) Nachhaltigkeit, 3. Aufl. UKV Verlagsgesellschaft, Konstanz

Quill T (2016) Interessengeleitete Unternehmensbewertung. Springer Gabler, Wiesbaden

Richards J (1730) Gentleman's Steward and Tenants of Manors Instructed. Gregg Publishing, London

Samuelson P (2012) Economics of Forestry in an Evolving Society. J Nat Resour Policy Res 4:173–195

Schneider D (1994) Allgemeine Betriebswirtschaftslehre, 3. Aufl. Oldenbourg, München/Wien

Schneider D (2001) Betriebswirtschaftslehre, Bd 4, Geschichte und Methoden der Wirtschaftswissenschaft. R. Oldenbourg, München/Wien

Schumpeter J (2009) Geschichte der ökonomischen Analyse. Vandenhoek & Ruprecht, Göttingen

Schwappach AF (1888) Handbuch der Forst- und Jagdgeschichte Deutschlands, Bd II. Julius Springer, Berlin

Viitala EJ (2016) The emergence and early development of forest resource economic thought: From land and forest valuation to marginal analysis and vintage capital models. University of Helsinki, Helsinki

Von Burgsdorff FAL (1796) Forsthandbuch, Zweiter Theil. Carl Ernst Bohn, Berlin

Von Nördlinger JS (1805) Versuch den Werth der Waldungen zu bestimmen, Bd III. Diana, Gotha

Winkler G (1836) Waldwerth Schätzung. H. Strauß sel. Witwe, Wien

Zincke GW (1755) Anfangsründe der Cameralwissenschaften. Jacobi, Leipzig

4.1 Einführung: Ein kurzer Abriss zur Geschichte der deutschen Betriebswirtschaftslehre

Die Entwicklung der Unternehmensbewertung hat sich in der Vergangenheit insbesondere im nationalen Rahmen abgespielt (Henselmann 2014, S. 99). Naturgemäß sind aber auch internationale Denkströmungen rezipiert worden. Eine internationale Lehre von der Unternehmensbewertung ergab sich aber erst im Zeichen der Globalisierung und dem Vordringen amerikanisch stämmiger Unternehmensberatungen, Investmentbanken und Wirtschaftsprüfungsgesellschaften nach Deutschland und in andere Teile der Welt.

In Deutschland wurde die Unternehmensbewertung stark durch die Entwicklung der akademischen Betriebswirtschaftslehre geprägt. Vorläufer der akademischen Betriebswirtschaftslehre ist die Kameralwissenschaft, deren Erkenntnisse insbesondere aus der Forstwissenschaft bereits Gegenstand in Kap. 3 dieses Buches waren. Die auf die fürstliche Kammer spezialisierte Wissenschaft entwickelte sich rasch zu einer akademischen Disziplin, die auch eigene Hochschulen hervorbrachte, so die Kameralhochschule in Kaiserslautern. Edward Baumstark (1807–1889), Kameralwissenschaftler an der Universität in Greifswald, fasste das kameralistische Wissen in einer 1835 erschienenen Enzyklopädie zusammen (Baumstark 1835). Hier wird das erste Mal der Begriff „Betriebswirthschaft" erwähnt, der später zum Namen der wissenschaftlichen Disziplin wurde. Der Kameralwissenschaft gelingt es allerdings nicht, sich dauerhaft an den deutschen Universitäten zu etablieren. Eine vollständige Theoriebildung gelingt letztlich nicht (Schneider 2014, S. 7), die Disziplin verschwindet wieder aus dem wissenschaftlichen Hochschulbetrieb. Übrig bleibt die landwirtschaftliche Betriebslehre, die teilweise die Erkenntnisse der Kameralwissenschaften übernimmt. Deren Erkenntnisse werden bis heute fortgeschrieben und haben – wie in Kap. 3 dieses Buches gezeigt – die moderne Lehre von der Unternehmensbewertung in vielen Teilen vorweggenommen. Daneben erhält die Nationalökonomie als

© Springer Fachmedien Wiesbaden GmbH, ein Teil von Springer Nature 2020
S. Behringer, *Eine kurze Geschichte der Unternehmensbewertung*,
https://doi.org/10.1007/978-3-658-28703-0_4

Vorläufer der klassischen Volkswirtschaftslehre einen Platz an den Universitäten. Insbesondere die mikroökonomische Theorie entwickelt vielfach Gedanken, die heute auch in der Betriebswirtschaftslehre integraler Bestandteil geworden sind. In diese Kategorie fällt beispielsweise die Lehre vom Grenznutzen, die auch die Werttheorien, die die Grundlage auch für die Unternehmensbewertungslehre bilden, geprägt haben.

Das praktische Kaufmannswissen wurde an diversen Handelsakademien gelehrt. Die Volkswirtschaftslehre schaute auf diese praktische Lehre herab. Der Heidelberger Nationalökonom Karl Heinrich Rau sprach in einer Denkschrift davon, dass die bürgerliche Wirtschaftslehre nicht an Universitäten gelehrt werden sollte, da die Volkswirtschaftslehre einen höheren Standpunkt einnehmen würde (Brockhoff 2012, S. 146). Im Gegensatz dazu entwickelte sich eine Bewegung, denen die praktische Ausbildung von Kaufleuten allein nicht mehr ausreichte. Die Handelskammer Leipzig befasste sich seit Mitte des 19. Jahrhunderts mit der Gründung einer Handelshochschule, Die Gründung wurde 1898 tatsächlich vollzogen (Brockhoff 2012, S. 147 ff.). Im selben Jahr folgten Gründungen von Handelshochschulen in St. Gallen, Wien und Aachen. Bis 1919 waren es 11 Handelshochschulen, die in Deutschland gegründet worden waren (Klein-Blenkers und Reiß 1993, S. 1421). Auch die Universitäten übernahmen die Betriebswirtschaftslehre in ihr Curriculum. 1903 wurde mit J.F. Schär zum ersten Mal ein Professor für Betriebswirtschaft an eine Universität im deutschsprachigen Raum berufen. Die Universität Zürich ging dieses Wagnis ein (Brockhoff 2016, S. 230). Das Fach konsolidierte sich schnell, die Zahl der Publikationen wuchs, es gab mehr und mehr Professoren an deutschen Hochschulen. Es entstand ein wissenschaftlicher Apparat mit Institutionen, Zeitschriften und einer eigenen Begrifflichkeit. Dies schuf auch die Voraussetzungen für eine Entwicklung der Lehre von der Unternehmensbewertung. Ein wesentlicher Schritt dazu war die Verleihung des Promotionsrechts bzw. die Umwandlung von Handelshochschulen (in Köln und Frankfurt) in Universitäten. Dadurch konnten Betriebswirte andere Betriebswirte promovieren, der Nachwuchs wurde im eigenen Bereich und unter eigenständiger Hoheit ausgebildet (Mantel 2009, S. 23).

Wesentlich prägend für die Entwicklung der deutschen Betriebswirtschaftslehre war das Wirken von Eugen Schmalenbach, der Professor in Köln war. Er gründete mit der Zeitschrift für handelswissenschaftliche Forschung einer der ersten Zeitschriften mit wissenschaftlichem Anspruch auf dem Gebiet der Betriebswirtschaftslehre. Zum 25-jährigen Jubiläum der Zeitschrift 1931 schrieb er im Rückblick (Schmalenbach 1931, S. 1):

> Ich hatte den komischen Ehrgeiz aus meinem Fache eine Wissenschaft zu machen. Ich sage komisch, weil alle meine Kollegen das damals so empfanden. Zu einer Wissenschaft natürlich, wie ich sie verstand. Eine Betriebswirtschafslehre nach meinem Sinn musste letzten Endes, unmittelbar oder mittelbar, dem praktische Betrieb dienen; eine andere Betriebswirtschaftslehre interessierte mich in keiner Weise.

Damit gab Schmalenbach die Devise für die folgende Entwicklung aus. Es war das Ziel, das Theoriedefizit der ersten Jahre als akademischer Disziplin zu verringern, ohne dabei den Praxisbezug zu verlieren.

Die Hauptthemen mit denen sich die frühe Betriebswirtschaftslehre befasst hat, stammten zumeist aus dem Bereich des Rechnungswesens (vgl. Brockhoff 2012, S. 163). In der Zeit des Nationalsozialismus stellte sich auch die Betriebswirtschaftslehre in den Dienst des Regimes. Die gelenkte Wirtschaft des nationalsozialistischen Staates hatte vielfältige planwirtschaftliche Elemente, die Kostenrechnungen und Kostenprüfungen notwendig machten. In diesen Bereichen entwickelte sich die Betriebswirtschaftslehre ganz enorm (Mantel 2010, S. 160). Die Ideologisierung fand nur in Teilbereichen statt (z. B. in der Strömung des Berliner Professors Heinrich Nicklisch, der versuchte das Führerprinzip auf den Betrieb anzuwenden, vgl. Grieger 1999, S. 36). Für Unternehmensbewertung bestand kein wesentlicher Bedarf: Zwar wurden Kartelle, die auch schon vorher für die deutsche Wirtschaft besonders relevant waren, noch weiter ausgebaut. Auch Zwangskartelle wurden zu einem Mittel gemacht. Entschädigungen, die mit rationalen Methoden ermittelt werden mussten, wurden hier aber nicht eingesetzt. Schon gar nicht kamen diese bei den verbrecherischen sogenannten Arisierungen zum Einsatz. Auch hier waren Wertschätzungen erforderlich, aber hier kam es zu systematischen Unterschätzungen und bewussten Fehlbewertungen, die insbesondere auch durch Korruption noch verstärkt wurden (vgl. beispielsweise für den Ablauf einer Schätzung und amtlichen Festlegung eines Preises für landwirtschaftliche Betriebe Verse-Herrmann 1997). Nichtsdestoweniger gab es – heute zumeist verdrängte – Diskurse zur Unternehmensbewertung im Zuge der Arisierungen, wie im Folgenden gezeigt wird.

Hintergrund

Bei der sogenannten Arisierung wurden zunächst Gutachten über den Verkehrs- und Sachwert des Gewerbebetriebs erstellt. Diese wurden von Wirtschaftsprüfern erarbeitet. Der Sachwert bezeichnete den Wert der Sache des jüdischen Eigentümers. Dieser Wert wurde durch die Annahme beschränkt, dass ein Jude einen Betrieb nicht mehr gewinnbringend weiterführen konnte. Des Weiteren wurden sämtliche Kosten des Verfahrens, also Notare, Wirtschaftsprüfer etc. von dem ermittelten Wert abgezogen. Der so ermittelte Sachwert wurde allerdings keinesfalls ausgezahlt sondern um die „Judenvermögensabgabe" gekürzt, die eine willkürliche Strafsteuer war. Sollte dann noch ein positiver Betrag übrig bleiben, so wurde dieser entweder direkt an die Gestapo bzw. auf ein Sperrkonto bezahlt. So hatte der beraubte Jude keine Chance, an Geld zu kommen. Perfide war auch, dass während des Verfahrens die jüdischen Eigentümer nicht auf die Gewinne seiner Unternehmen zugreifen durften, sie aber sehr wohl für eventuell anfallende Verluste hafteten (Wittek-Saltzberg 1970).

Demgegenüber stand der Verkehrswert. Dieser bezeichnete den Wert, den ein „arischer" Veräußerer einem „arischen" Käufer bezahlt hätte (Kuller 2013, S. 292). Dieser bekam insbesondere ab dem Jahresende 1938 große Bedeutung. Ab diesem Zeitpunkt erhob der Staat eine Ausgleichabgabe auf „Arisierungsgewinne". Diese bezog sich auf die Differenz zwischen dem tatsächlichen Kaufpreis und dem Verkehrswert des Unternehmens. Diese Ausgleichabgabe konnte bis zu 70 % des Gewinns betragen. Hinsichtlich seiner Erhebung gab es im Reichsfinanzministerium durchaus Vorbehalte, insbesondere, da Regeln zur Bemessung des Verkehrswerts fehlten. Dies könnte dazu führen, dass der Grundsatz der Gleichmäßigkeit der Besteuerung nicht mehr erfüllt wäre (Kuller 2013, S. 278).

Es zeigt sich, dass bei den verbrecherischen sogenannten „Arisierungen" die Unternehmensbewertung eine Rolle spielte. Zum einen wurde sie dazu verwendet, die Kaufpreise (Sachwerte) so gering wie möglich zu berechnen, da die Fortführungsprämisse aufgegeben wurde. Zum anderen wurde sie dazu genutzt, den nationalsozialistischen Staat an den durch die Wertdifferenz erwirtschafteten Gewinnen profitieren zu lassen.

Insgesamt wurde die Unternehmensbewertung und auch die Verfahrenstechnik bei Unternehmenstransaktionen ausgenutzt, um einen legalistischen Schein zu wahren. Trotz Kaufverträgen kann man davon ausgehen, dass es unter freien Umständen nie zu den im Zuge der sogenannten „Arisierung" durchgeführten Transaktionen gekommen wäre (Hall 1988, S. 25 f.). Es handelte sich um einen „staatlich gedeckten Raub in Tateinheit mit Erpressung" (Berghoff 2016, S. 219), der zudem mit einem „reichen Hehlerlohn in Form von Provisionen" belohnt wurde (Berghoff 2016, S. 219).

In der Nachkriegszeit kommt es zu Folgeproblemen: Die Entschädigung der wenigen überlebenden Opfer des Naziterrors erforderte wiederum Unternehmensbewertungen (vgl. hierzu Jonas 1954). Die grundlegende Herangehensweise versuchte von der Person des Unternehmers zu abstrahieren und die Ertragskraft des Unternehmens zu bewerten. Es ergab sich bei den Werten für Entschädigungen immer der Versuch, objektive Werte zu bestimmen. Auf die theoretischen und praktischen Probleme, die diese Wertkonzeptionen mit sich bringt, ist bereits hingewiesen worden.

Die Tendenz sich vorwiegend mit den Themen des Rechnungswesens zu befassen, blieb auch in den Jahren nach dem Zweiten Weltkrieg in der akademischen Betriebswirtschaftslehre so bestehen. Insbesondere mit den grundlegenden Werken des Kölner Professors Erich Gutenberg kommt eine stärker mikroökonomische Fundierung der deutschen Betriebswirtschaftslehre verbunden mit einer deutlichen Stärkung des quantitativen Anteils zum Ausdruck (Lorson et al. 2015, S. 59). Allerdings stellt dabei das dreibändige Werk Gutenbergs „Grundlagen der Betriebswirtschaftslehre" eher den Abschluss der Entwicklung dar, als den Anfang. Das große Verdienst Gutenbergs liegt darin, dass er ein geschlossenes Gedankengebäude geschaffen hat (vgl. Wöhe 1990, S. 226). Nichtsdestoweniger wurden von ihm zahlreiche Methoden und Begrifflichkeiten geprägt, die bis heute Einfluss auf die Betriebswirtschaftslehre haben.

Inzwischen hat sich die Betriebswirtschaftslehre globalisiert. Internationale Journals und Fachkonferenzen prägen den „state of the art", nationale Sonderwege gibt es selten (Lorson et al. 2015, S. 61). Wenn es nationale Besonderheiten gibt, so werden diese zumeist deutlich in den durch nationale Gesetzgebung geprägten Themenbereichen wie Steuern oder Rechnungswesen. Sieht man einmal von der Beobachtung ab, dass in den angelsächsischen Ländern, die in Deutschland unter die Disziplin der Betriebswirtschaftslehre subsumierten Einzelthemen häufig getrennt voneinander betrachtet werden, was für eine vollständige Auflösung der Betriebswirtschaftslehre sprechen würde (Schreyögg 2007, S. 145 f.), hat die deutsche Tradition die insbesondere amerikanischen Entwicklungen vielfach übernommen. Ähnliche Beobachtungen kann man auch in der Lehre von der Unternehmensbewertung machen. Diese hat sich internationalisiert, deutsche Spezifika sind heutzutage weniger deutlich. Allerdings prägen die langen Diskussionen in der deutschen Literatur tatsächlich immer noch Diskussionen und führen an der ein oder anderen Stelle zur Anwendung anderer Methoden als sie in den angelsächsischen Ländern gebräuchlich sind.

4.2   Die Entwicklung des Ertragswerts

Die Entwicklung des Ertragswerts wurde von vielen Vorläufern der modernen Betriebswirtschaftslehre eingeleitet. Auf diese ist in Kap. 3 dieses Buches hingewiesen worden,
insbesondere die Land- und Forstwirtschaft, aber auch andere Autoren der wirtschaftsna-
hen Wissenschaften haben, erste Gedanken in Richtung des Ertragswerts entwickelt.

4.2.1   Grundlagen des Ertragswertverfahrens

Das Ertragswertverfahren der Unternehmensbewertung hat sich direkt aus der Investitionstheorie entwickelt. Es ist eine Umformulierung der Kapitalwertformel, mit dem die
Vorteilhaftigkeit von Investitionen berechnet wird, für die Zwecke der Unternehmensbewertung. Dabei werden die Einzahlungsüberschüsse, die ein Unternehmen zukünftig voraussichtlich erwirtschaften wird, auf ihren Gegenwartswert diskontiert. Diskontierungsfaktor ist die Rendite der risikoadäquaten optimalen Alternativanlage zu einer Investition
in dem Unternehmen. Es ergibt sich die folgende Formel:

$$W = \sum_{t=1}^{T} \frac{E_t}{\left(1+i\right)^t}$$

mit:
W = Wert des Unternehmens
E = Einzahlungsüberschüsse
i = Kalkulationszinsfuß
t = Periodenindex (mit t = 1, …, T)

Dieser Term ist die Grundformel des Ertragswertverfahrens. In ihm kommt die Zweistu-
figkeit der Methode zum Ausdruck. Die Einzahlungsüberschüsse E sind die Zahlungen aus
dem Unternehmen an die Eigentümer, die in Konsum umgesetzt werden können und damit
zur Zielerreichung des Bewertungssubjekts (den potenziellen Käufer oder Verkäufer) bei-
tragen. Das zweite Element des Ertragswertverfahrens ist der Kalkulationszinsfuß i. Dieser hat zunächst die mathematische Funktion, Zahlungsströme unterschiedlicher Breite,
die zu unterschiedlichen Zeitpunkten fließen, vergleichbar zu machen. Diese Funktion
erfüllt jeder beliebige Zinssatz. Der theoretisch richtige Kalkulationszinsfuß wird jedoch
aus den Möglichkeiten zur Investition, die dem Individuum offenstehen, abgeleitet und
zwar in Form der optimalen alternativen Möglichkeit (vgl. Löhr 1994, S. 332). Damit
kommen in dem Kalkulationszinsfuß die Möglichkeiten, die dem Entscheidungsträger al-
ternativ zum Kauf des Unternehmens gegeben sind, zum Ausdruck.

   Relevant für das Bewertungssubjekt sind Einzahlungen, die aus dem Unternehmen an
den Eigentümer fließen können. Aus der Gewinn- und Verlustrechnung können diese

Cashflows auf indirektem Wege für die Perioden der Vergangenheit abgeleitet werden. Dazu müssen diejenigen Größen, die nicht zahlungswirksam aber ertrags- bzw. aufwandswirksam sind, korrigiert werden (vgl. Behringer und Lühn 2016, S. 69 ff.). Folgendes Schema (Abb. 4.1) stellt die Berechnung der Einzahlungsüberschüsse aus einer Gewinn- und Verlustrechnung dar.

Da Einzahlungsüberschüsse betrachtet werden, ist es grundsätzlich nicht relevant, nach welchem Rechnungslegungsstandard (HGB, IFRS oder US GAAP) das Unternehmen seine Bücher führt. Mit der Anpassung auf Zahlungen werden die Verzerrungen durch unterschiedliche Rechnungslegungsnormen aufgehoben. Die Einzahlungsüberschüsse müssen für zukünftige Perioden prognostiziert werden. Das Prognoseproblem ist eines der zentralen Probleme der Unternehmensbewertung. Naturgemäß ist die Prognose unsicher (vgl. Ballwieser 1990). In der Praxis ist dieser Teil der Unternehmensbewertung bei weitem der schwierigste, der auch die größten Auswirkungen auf den Unternehmenswert hat.

Ausgangspunkt der Prognose müssen vergangene Entwicklungen des Unternehmens sein. Es ist unabdingbar, dass die vergangenen Geschäftsverläufe detailliert analysiert werden und prognostiziert wird, welche Geschäftsbeziehungen weitergeführt werden können und welche nicht. Es ist naheliegend, dass eine detaillierte Prognose nur für die nähere Zukunft infrage kommt. Die Prognose sollte für drei Jahre detailliert vorgenommen werden. Für den mittelfristigen Bereich zwischen 4 und 8 Jahren können noch Trends berücksichtigt werden. In der dritten Phase wird der letzte Wert fortgeschrieben. Damit wird die Annahme getroffen, dass das Unternehmen unendlich weiter existiert. Diese Annahme ist unrealistisch (vgl. Münstermann 1970, S. 61), reduziert aber die Komplexität der Bewertung ungemein, da keine Schätzung der Lebensdauer oder eines Liquidationswerts notwendig sind.

Neben den Einzahlungsüberschüssen muss als zweites Element des Ertragswertverfahrens der Kalkulationszinsfuß bestimmt werden. Dieser muss die risikoadäquate optimale Alternative für den Entscheidungsträger abbilden. Praktisch ist diese Größe nicht ermittelbar, da es keine Alternative gibt, die risikoadäquat zu dem Eigentum an dem Unternehmen ist. Daher behilft man sich mit einem Näherungsverfahren. Startpunkt ist der landesübliche Zinsfuß, wie er in der Verzinsung langlaufenden Anleihen der öffentlichen

	Jahresüberschuss
+/-	Aufwendungen/Erträge aus Anlagenabgängen
+/-	Abschreibungen/Zuschreibungen
+/-	Veränderungen langfristiger Rückstellungen
+/-	Veränderungen des Netto-Umlaufvermögens (ohne liquide Mittel und kurzfristige Bankverbindlichkeiten)
	Cashflow aus der Betriebstätigkeit
+/-	Cashflow aus der Investitionstätigkeit
+/-	Veränderungen von (kurz- und langfristigen) Finanzierungsschulden
	Einzahlungsüberschusse des Unternehmens

Abb. 4.1 Berechnung des Einzahlungsüberschuss im Ertragswertverfahren (in Anlehnung an: Mandl und Rabel 1997, S. 116)

Hand zum Ausdruck kommt. Die Anleihe der öffentlichen Hand wird als quasi-sicher bezeichnet, da man davon ausgeht, dass ein Totalverlust ausgeschlossen ist. Damit ist die Investition in ein Unternehmen deutlich risikoreicher als die Investition in die Anleihe. Aus diesem Grund muss der Zins um einen angemessenen Risikozuschlag erhöht werden. Der Risikozuschlag verschiebt den Wert aus Sicht des potenziellen Käufers nach unten und hat somit erhebliche Auswirkungen für den zu ermittelnden Unternehmenswert.

Das Ertragswertverfahren wird heute in Deutschland insbesondere für kleine und mittelständische Unternehmen angewandt. Es ist eines der Standardverfahren für die gutachterliche Unternehmensbewertung durch Wirtschaftsprüfer, die es im IDW Standard 1 „Grundsätze zur Durchführung von Unternehmensbewertungen" niedergelegt hat. Dieser ist 2008 verabschiedet worden und bildet bis heute die Grundlage für Unternehmensbewertungen, die von Wirtschaftsprüfern durchgeführt werden. Seine Ausstrahlungswirkung geht aber weit über den Berufsstand hinaus.

4.2.2 Der Ertragswert als individueller Grenzpreis

Der Ertragswert fand bereits früh Anwendung in der Bewertung von land- und forstwirtschaftlichen Betrieben sowie bei der Bewertung von Bergwerken. Bei von Oeynhausen findet sich (siehe Kap. 3) bereits im 19. Jahrhundert die Grenzpreiseigenschaft, die zentral ist für die Interpretation des Ertragswerts. Der Grenzpreis bezeichnet denjenigen Preis, den ein potenzieller Käufer maximal aufzuwenden bereit ist, bzw. ein Verkäufer minimal erlösen muss, um der Transaktion zuzustimmen (Moxter 1983, S. 9). Der Wert wird nach Moxter auch als kritischer Wert, Verhandlungsgrenze oder (heutzutage am weitesten verbreitet) als Entscheidungswert bezeichnet. Das dazu verwendete Verfahren ist das Ertragswertverfahren. Die Bezeichnung legt nahe, dass es die Erträge wertbildend sind. Erträge sind hier nicht so wie der betriebswirtschaftliche Fachbegriff aus dem Rechnungswesen zu verstehen. Vielmehr werden durch Erträge alle Nutzen umfasst, die ein potenzieller Käufer oder Verkäufer aus dem zu bewertenden Unternehmen ziehen kann. Die nicht direkt in Geld abzubildenden Nutzen werden häufig auch als metaökonomische Zielerreichungen bezeichnet (Behringer 2013, S. 183 ff.). Um mit diesen Grunddaten zu einem Wert – als in Geld bezifferter Größe – zu kommen, bedarf es eines Nutzenvergleichs. Die Erträge aus dem Unternehmen müssen verglichen werden mit dem Nutzen einer ertragsgleichen bzw. der bestmöglichen Alternative. Sind die Erträge von Bewertungs- und Vergleichsobjekt gleich wäre der Preis des Unternehmens gleich dem Preis des Vergleichsobjekts (Moxter 1983, S. 9). Die Alternative kommt im Ertragswertverfahren durch den Zinssatz zum Ausdruck.

Die präferenzbezogenen Methoden der Unternehmensbewertung, von denen der Ertragswert das wichtigste Verfahren darstellt, die die Ziele der Entscheidungsträger in ihren Kalkülen berücksichtigen, können keine Preise berechnen. Sie zielen auf eine Hilfestellung ab, ein subjektives Kalkül zur Annahme eines Verhandlungsergebnisses abzuleiten (Schneider 1998, S. 1474).

Der Begriff Entscheidungswert zeigt deutlich, wozu die Bewertung primär dienen soll. Es geht darum einen möglichen Käufer und Verkäufer zu beraten (daher ist dieser Wert auch Gegenstand der Beratungsfunktion der Unternehmensbewertung nach der Kölner Funktionenlehre). Der Entscheidungswert soll eine Unterstützung für rationale Entscheidungen liefern (Matschke 1975, S. 24). Zwar lässt sich die Grenzpreiseigenschaft der Unternehmenswerte bis an den Anfang des 19. Jahrhunderts zurückführen (Kap. 3, Oeynhausen 1822), allerdings setzt sich dieser Gedanke erst ab Mitte des 20. Jahrhunderts durch. So schreibt Bretzke (1976, S. 543) von einem „neuen Paradigma der Unternehmensbewertungslehre."

Die Bewertung wird dabei individuell vorgenommen. Busse von Colbe beschreibt es 1957 so (S. 14):

> … die individuelle Einschätzung der Zukunft kann dem Wesen nach nur subjektiv sein. Die Schätzungen der Parteien oder ihrer Gutachter werden häufig bei der Bewertung des gleichen Objekts verschiedene Ergebnisse aufweisen, je nachdem wie die Zukunft beurteilt wird, ob der Schätzende z. B. ein Optimist oder ein Pessimist ist.

Weiter führt Busse von Colbe aus, dass sich die zukünftigen Erträge auch durch unterschiedliche Verwendungsmöglichkeiten des Unternehmens ergeben. Damit ergeben sich auch unterschiedliche Vorstellungen von der Zukunft (Liebermann 1923, S. 38 ff.):

> Der Wert ein und derselben Unternehmung ist für die verschiedenen Unternehmer ungleich, weil die Urteile über die zukünftige Gestaltung der von dem Unternehmen beeinflußbaren und nicht beeinflußbaren Verhältnisse bei den einzelnen Unternehmern auseinandergehen.

Allerdings ist die Auffächerung der verschiedenen Werte für ein und dasselbe Unternehmen damit noch nicht beendet: „Der Wert hängt immer vom Zweck der Bewertung ab" (Bartke 1960, S. 246). Die unterschiedlichen Zwecke der Unternehmensbewertung bedingen den Einsatz unterschiedlicher Bewertungsmethoden, was zwangsläufig dazu führt, dass sich die Bewertungsergebnisse unterscheiden (Sieben und Schildbach 1979, S. 455). Im Endeffekt hat ein Unternehmen verschiedene Werte für unterschiedliche Personen, aber auch für ein und dieselbe Person, je nachdem zu welchem Zweck die Bewertung durchgeführt wurde.

4.2.3   Die Ableitung des Ertragswertkalküls

Das Ertragswertverfahren hat sich aus dem Kapitalwertkriterium der Investitionsrechnung entwickelt. Mathematisch handelt es sich um denjenigen Kapitalwert, bei dem sich die Investition – sprich der Unternehmenskauf – gerade eben lohnt. Hier zeigt sich die Grenzpreiseigenschaft des Kapitalwerts. Ausgehend von dem Kriterium der Vorteilhaftigkeit eines Zahlungsstroms, dass der Kapitalwert positiv sein muss:

$$C_j > 0 \qquad\qquad (4.1)$$

ergibt sich:

$$\sum \frac{\left(E_t - A_t\right)}{\left(1+i\right)^t} > A_0 \qquad\qquad (4.2)$$

Die Anschaffungsauszahlung A_0 entspricht dem Preis, der für das Unternehmen zu zahlen wäre. Der Preis muss größer sein als der linke Ausdruck von (4.2), der mithin der Grenze der Kompromissbereitschaft des Investors entspricht. Unterstellt man eine unendliche Lebensdauer des Unternehmens und, dass der Unternehmenseigner keine Nachschusspflicht für anfallende Verluste hat lässt sich schreiben:

$$W = \sum_{t=1}^{T} \frac{E_t}{\left(1+i\right)^t} \qquad\qquad (4.3)$$

(4.3) ist die Grundformel des Ertragswertverfahrens der Unternehmensbewertung. Es ist also lediglich eine Umformulierung des Kapitalwerts, so dass der Unternehmenswert ermittelt wird, als derjenige Wert, bei dem sich die Transaktion des Unternehmens gerade eben lohnt.

Die frühen Diskussionen um den Kapitalwert bzw. Ertragswert, die in Kap. 2 und 3 dieses Buches nachgezeichnet worden sind, führten nicht zu einer breiten Anwendung des Barwerts und seiner Anwendung in der Finanzwelt. Der mit den Diskussionen in der Literatur verbundene theoretische Durchbruch führte nicht zu einem praktischen Durchbruch. Obwohl die religiösen Verbote im Zusammenhang mit der Erhebung von Zinsen für Kredite aufgehoben worden waren, war die Abneigung gegen Zinsen so groß, dass sie nicht in der Projektbewertung herangezogen wurden. Erst zu Beginn des 19. Jahrhunderts wurde die Idee der barwertbasierten Projekt- und Unternehmensbewertung relevant, da immer mehr Autoren ihre Verwendung für die Bewertung von Investitionen befürworteten. Gleichzeitig wurden die religiösen Verbote gelockert und die Praxis verwendete für eine Vielzahl von Geschäften Zinssätze und auch den Zinseszins. Die Entwicklung des Kapitalwerts wurde von drei Determinanten der damaligen Zeit beeinflusst: politische Ökonomie, Ingenieurökonomie und Wissenschaftler sowie Berater, die die Methode nach dem Zweiten Weltkrieg populär machten. Ein Großteil des Einflusses kam dabei aus den Vereinigten Staaten. Viele dieser Beiträge wurden dann aber im deutschen Schrifttum explizit oder implizit aufgenommen.

In seinem wegweisenden Buch „Principles of Economics" von 1920 diskutierte Alfred Marshall das Konzept der Diskontierung von Cashflows. Er betonte, dass die Erträge aus einer Investition die Anschaffungskosten um einen Betrag übersteigen müssen, der den Zeitraum der Investition mit Zinseszinsen berücksichtigt (Marshall 1920, S. 352). Marshall erwähnt auch, dass für Risiken und mögliche Verzögerungen die Investition einen Risikozuschlag verdienen muss. Darüber hinaus erwähnt Marshall, dass Veränderungen in der Kaufkraft des Geldes berücksichtigt werden müssen. Investitionen werden von einem „aufmerksamen Geschäftsmann" getätigt, solange er denkt, dass die Investition ihn für seine Ausgaben entschädigen kann (Marshall 1920, S. 356).

Der österreichische Ökonom Eugen von Böhm-Bawerk (1903) beschreibt die Verwendung des Barwerts. Er analysiert das Problem eines Hauses, das durch eine Zahlung von 20 Jahresraten zu je 1000 Währungseinheiten angeboten wird. Er behauptet, dass die Entscheidung unter Berücksichtigung des Barwerts aller 20 Raten getroffen werden sollte (Böhm-Bawerk 1903, S. 36).

Es ist unklar, wer tatsächlich der erste Wissenschaftler war, der den Barwert als Entscheidungsregel für Anlageentscheidungen popularisierte. Eine vielfach erwogene Möglichkeit (Poitras 2006, S. 122) ist Irving Fischers Buch „The Rate of Interest", das erstmals 1907 veröffentlicht und nach seiner Überarbeitung sowie 1930 als „The Theory of Interest" deutlich erweitert wurde. Fishers Beitrag ist ein klares System zur Analyse des Nutzens von Investitionen; er schrieb einen großen Anteil an seinen Thesen der Arbeit des schottischen Ökonomens John Rae (1834) zu. Fishers Buch enthält eine wichtige Idee für die theoretische und praktische Verbreitung der Barwertregel. Er leitete die Trennbarkeit von privatem Konsum und betrieblicher Investition ab. Das zugehörige Theorem, die Fisher-Separation, trägt seinen Namen. Die Fisher-Separation sagt, dass es ausreicht, wenn ein Unternehmen unabhängig von den einzelnen Präferenzen der Aktionäre des Unternehmens den Nettobarwert maximiert (Rubinstein 2003). Nach Rubinstein (2006) war Irving Fisher auch der erste, der dafür eintrat, jede Evaluation eines Investitionsprojekts mit dem Kapitalwert zu beurteilen. Die Fisher-Separation erfordert den vollkommenen Kapitalmarkt und insbesondere die Identität von Soll- und Habenzins, um zu funktionieren. Anderenfalls kann sich nur eine partielle Lösung ergeben. Ansonsten ist wiederum die individuelle konsumbezogene Zielsetzung entscheidungsrelevant (Hirshleifer 1958).

Der zweite große Einflussfaktor für die Popularisierung des Kapitalwerts als Maßstab für Unternehmensentscheidungen ist die Ingenieurökonomie. Ökonomisch orientierte Ingenieure schrieben über Diskontierungstechniken zur Auswahl profitabler Investitionen (z. B. Haka 2007, S. 704; Parker 1968, S. 61). Die Ingenieursdisziplin nutzte viel Wissen und Quellen aus den deutschen Land- und Forstwissenschaften (siehe Greulich 2002). Da die in Deutschland üblichen Lehrbücher der praktischen Mathematik und Rechtswissenschaften die von Leibniz (Kap. 2) entwickelte Barwertformel verwendeten, kann von einem indirekten Zusammenhang der Entwicklung ausgegangen werden.

Besonders prägend für diesen Forschungsstrang ist das Werk von Wellington (1877). Wellington war selbst Standortingenieur für Eisenbahngesellschaften in den USA (Dulman 1989, S. 558). Aufgrund seiner praktischen Erfahrungen kam er zu dem Schluss, dass die Entscheidung für den Bau einer Eisenbahnstrecke aufgrund der hohen Investitionskosten einer sorgfältigen Begründung bedarf. Wellington veröffentlichte eine Tabelle, die den Barwert einer Geldeinheit zeigt, die für eine bestimmte Anzahl von Jahren mit einer bestimmten Rendite angelegt wird (Wellington 1877, S. 83). Seine Tabelle ähnelt Tabellen, die in zeitgenössischen Lehrbüchern als Hilfsmittel zur Lösung von Barwertrechnungen veröffentlicht wurden. In der zweiten Auflage, die 1887 erschien, erweiterte er seine

Betrachtungen über Barwerttechniken erheblich (Wellington 1887). Im Vergleich zum heutigen Kapitalwert enthält sein Konzept noch zwei Fehler (Dulman 1989, S. 560): Erstens, er verwendete den Kreditzins des Unternehmens als Diskontierungszinssatz und vernachlässigte die Eigenkapitalkosten, wie es in den gewichteten Kapitalkosten heute gemacht wird. Zweitens ignorierte er eine Risikoanpassung im Diskontierungszinssatz.

Eine weitere Quelle des Kapitalwerts in der Ingenieurökonomie ist das Lehrbuch „Principles of Engineering Economy" des Stanford-Professors E. L. Grant (1950), das erstmals 1930 veröffentlicht wurde. Er erwähnte, dass insbesondere bei Zahlungen und Einnahmen zu unterschiedlichen Terminen, Zinsen zu berücksichtigen sind, um eine angemessene Schätzung vornehmen zu können (Jones und Smith 1982, S. 105).

Ingenieure verwenden seit langem diskontierte Erträge zur Ermittlung der Vorteilhaftigkeit von Projekten, aber diese Idee war nicht sehr einflussreich, bevor Management-Denker den Barwert popularisierten (Shillinglaw 1980, S. 6). Dennoch waren es laut Weaver (1956) in den 1950er-Jahren Öl- und Chemieunternehmen mit starkem ingenieurwissenschaftlichem Hintergrund, die den Kapitalwert als Management-Technik einführten (S. 19). Die amerikanische Telefongesellschaft AT&T war auch ein Early Adopter. Grant arbeitete für das Unternehmen und unterstützte es bei der Entwicklung von Tools für die Investitionsplanung (Dulman 1989, S. 568).

Johnson und Kaplan (1987) betrachten die Einführung der Barwertregel als „die wichtigste Innovation im Management Accounting" der letzten 60 Jahre (S. 163). Der Durchbruch dieser Managementtechnik begann insbesondere nach dem Zweiten Weltkrieg.

Der wohl einflussreichste Autor bei der Popularisierung der Barwertidee war der Ökonom und Berater Joel Dean (Scorgie 1965, S. 88). Er veröffentlichte 1951 sein Buch „Capital Budgeting" und setzte sich auch wesentlich über sein Beratungsgeschäft für die Methode ein (Haka 2007, S. 705). In seinen Schriften verweist er auf (Dean 1954):

discounting the stream of capital earnings to take account of the diminishing value of distant earnings

In anderen Artikeln, z. B. im Harvard Business Review (Dean 1954), kritisiert er tatsächliche Managemententscheidungen und setzt sich stark für sein Beratungsgeschäft ein (Scorgie 1965, S. 88). Er erwähnte, dass der Barwert seit Jahren verwendet wird, aber nur wenige Anwendungen in der Investitionsplanung hat (Dean 1954, S. 129). Kapitalwerte spielten eine wichtige Rolle im Kartellverfahren der United Shoe Machinery Company. Das Unternehmen hielt mehr als 90 % des Marktanteils bei Schuhmaschinen. Der Gerichtshof von Massachusetts forderte das Unternehmen auf, eine Methode zur Berechnung eines fairen Preises für seine Maschinen vorzulegen. United Shoe arbeitete unter anderem mit dem Beratungsunternehmen von Dean zusammen, welches ein Preismodell auf der Grundlage der Kapitalwertmethode formulierte. Dieser Fall förderte die Verwendung des Barwerts im amerikanischen Geschäftsleben (Dulman 1989, S. 583) erheblich.

Zwei weitere Mitwirkende, die den Barwert popularisierten, wie von Schneider (1984) erwähnt, sind James Lorie und Leonard Savage (1955) mit ihrem im Journal of Business veröffentlichten Beitrag „Three Problems in Rationing Capital". In ihrem Beitrag wurde das Problem diskutiert, dass ein Unternehmen mehrere positive Investitionsmöglichkeiten hat, aber nur einen begrenzten Betrag, mit dem es diese Investitionen finanzieren kann.

Der Kapitalwert ist derzeit eine allgemein akzeptierte Regel für die Bewertung von Projekten, die Bewertung von Investitionen und die Bestimmung des Unternehmenswertes. Bodie und Merton argumentieren (2000, S. 113), dass „keine der Regeln so universell anwendbar ist wie die Barwertregel". Noch 1938 setzte sich Ronald Coase, der 1991 den Nobelpreis für seine „Theory of the Firm" verliehen bekam, in einer Reihe von Artikeln und Aufsätzen für die Anwendung von Barwerttechniken ein, um Investitionsentscheidungen zu treffen (1938). Das Kapitalwertverfahren wurde vor den 1960er-Jahren nur selten in der Praxis angewendet (Faulhaber und Baumol 1988, S. 584). Die zunehmende Nutzung wurde von anderen damals populäreren Managementtechniken begleitet. Verfeinerte Managementinstrumente entwickelten sich ab den 1950er-Jahren, da Unternehmen mit unvorhersehbaren Umweltturbulenzen konfrontiert wurden (Chawla et al. 2012, S. 202). Empirische Studien zeigen, dass die meisten Unternehmen heute Barwerte verwenden (siehe z. B. Pike 1996; Arnold und Hatzopoulos 2000; Graham und Harvey 2002).

Auch amtliche Stellen unterstützten die Verwendung des Barwerts bei der Investitionsbewertung, da sie davon ausgingen, dass falsche Investitionsentscheidungen ein zu langsames Wirtschaftswachstum verursachen. Ein weiterer Grund für den – verglichen mit anderen heute weltweit verbreiteten Managementtechniken – späten Durchbruch des Kapitalwertverfahrens war die Notwendigkeit der Einführung von Computern, die die Kalkulation wesentlich erleichterten (Rutterford 2004).

Wie gezeigt, war die Entwicklung des Barwerts langsam; für seinen Durchbruch brauchte er den praktischen Ansatz der Berater, obwohl die grundlegende Theorie bereits im 16. Jahrhundert entwickelt worden war. In Deutschland wurde dieses für die Investitionsbewertung universell angewendete Verfahren insbesondere auch auf die Unternehmensbewertung angewandt, in der abgeleiteten Form, in der Grenzpreis als Entscheidungswert ermittelt wird.

4.2.4 Substanzwert versus Ertragswert: Der Streit um die Vorherrschaft in der Unternehmensbewertung

Wie gesehen wurde der Ertragswert schon früh entwickelt – auch wenn er sich gegenüber anderen Methoden der Betriebswirtschaftslehre vermutlich aufgrund des Zinsverbots nur verspätet durchgesetzt hat (Behringer 2016). Allerdings wurde er mit Beginn des 20. Jahrhunderts durch den Substanzwert herausgefordert. Hintergrund war der stärker werdende Einfluss der Wirtschaftsprüfer auf die Unternehmensbewertung. Wirtschaftsprüfer waren geprägt durch das eher bilanzielle Denken, also Denken in Vermögensgegenständen, die in der Bilanz aktiviert und bewertet werden, was dem Substanzwert nahesteht (Henselmann 2014, S. 105).

Die Befürworter des Substanzwerts haben insbesondere die vermeintliche Sicherheit der Ermittlung des Substanzwerts, die im Gegensatz steht zur Unsicherheit, die zwangsläufig mit dem Ertragswert und seiner Zukunftsbezogenheit verbunden ist. Hinzu kommt, dass der Substanzwert für den Adressaten des Bewerters deutlich greifbarer ist (Sieben 1963, S. 10).

Substanzwertverfahren sind Einzelbewertungsverfahren, bei denen der Unternehmenswert als Addition der Werte der einzelnen Vermögensgegenstände berechnet wird. Der traditionelle Substanzwert bezeichnet den Betrag, der aufzuwenden wäre, wenn das Unternehmen auf der „grünen Wiese" wieder errichtet werden würde (Substanzwert zu Reproduktionswerten). Dabei wird das Alter der vorhandenen Vermögensgegenstände durch Abschreibungen auf den Anschaffungswert berücksichtigt (Schmidt 1991, S. 26 f.). Von diesem Betrag werden dann die Schulden abgezogen. In die Rechnung werden nur betriebsnotwendige Vermögensgegenstände und Schulden einbezogen, die zur Erreichung des Sachziels des Unternehmens unabdingbar sind. Dabei wird aus Gründen der Praktikabilität nur ein Teilrekonstruktionswert ermittelt, d. h. nur Vermögensgegenstände, die einzeln bewertbar sind, finden Berücksichtigung (Serfling und Pape 1995, S. 815). Damit ist der Substanzwert die Summe der Werte der einzelnen Vermögensgegenstände des betriebsnotwendigen Vermögens, sofern sie einzelnen bewertbar sind, abzüglich der Schulden.

Die Befürworter des Substanzwertes sehen den größten Vorteil in der Umgehung des Prognoseproblems. Ihrer Meinung nach ist die Substanz in vielen Fällen „diejenige Basisgröße des Unternehmenswertes, die er (der Gutachter, *Anmerkung des Verfassers*) erfassen, fixieren und damit sichern kann." (Hosterbach 1987, S. 902) Es ist zwar möglich, den Substanzwert relativ einfach zu berechnen, es ist jedoch fraglich, ob dieser Wert Relevanz hat.

So verstößt der Substanzwert gegen den Grundsatz der Bewertungseinheit, da nur einzelne Vermögenswerte addiert werden. Dieser elementare Verstoß führt leicht zu unkorrekten Wertansätzen. Maschinen und Anlagen haben nur eine Bedeutung in Verbindung mit der Kenntnis der Menschen, die an ihnen arbeiten, den Vertriebswegen für die mit ihnen produzierten Güter, dem vorhandenen Kundenstamm etc. Diese Zusammenhänge werden durch den Substanzwert nicht erfasst. Die Umgehung des Prognoseproblems wird nur durch Verstoß gegen den Grundsatz der Zukunftsbezogenheit der Unternehmensbewertung erreicht. Vergangenheitsdaten, wie sie in der Substanz des Unternehmens zum Ausdruck kommen, sind aber irrelevant für die Möglichkeit, mit dem Unternehmen eigene Ziele zu realisieren. Daher ist der traditionelle Substanzwert für die Entscheidung „Kauf bzw. Verkauf des Unternehmens" von keiner Bedeutung.

Neben Hilfsfunktionen bei der Unternehmensbewertung kann der traditionelle Substanzwert dann zu relevanten Werten führen, wenn die Zielerreichung von der Erlangung der Unternehmenssubstanz abhängt. Dies ist z. B. beim erwünschten Aufkauf von Warenbeständen, Produktionsmitteln oder Immobilien der Fall.

Eine andere Wertkonzeption ist der Substanzwert zu Zerschlagungswerten, der auch als Liquidationswert bezeichnet wird. Unter der Liquidation versteht man die Zerschlagung eines Unternehmens, bei der alle bestehenden rechtlichen Beziehungen abgewickelt und die Schulden zurückgezahlt werden. Der Liquidationserlös steht den Gesellschaftern, also den Eigentümern des Unternehmens, zu (Drygala et al. 2012, S. 335).

Um den Wert eines Unternehmens in der Liquidation ermitteln zu können, muss man die Going-Concern-Prämisse, die die Fortführung des Unternehmens unterstellt, aufgeben. Daher werden bei der Liquidationsbewertung nicht wie beim Substanzwertverfahren die Vermögensgegenstände zu Wiederbeschaffungskosten, sondern zu Veräußerungserlösen bewertet. Von der Summe der zu Veräußerungserlösen bewerteten Vermögensgegenstände müssen dann die Verbindlichkeiten abgezogen werden (Serfling und Pape 1995, S. 815). Außerdem müssen noch die Kosten der Liquidation Berücksichtigung finden, wie Sozialplanverpflichtungen, Abbruch- und Sanierungskosten und Steuerbelastungen durch die Auflösung von stillen Reserven. Dauert die Liquidation mehr als ein Jahr, so sind die Werte derjenigen Güter auf den Gegenwartswert abzuzinsen, die erst nach einem Jahr zu Zahlungseingängen führen.

Der Liquidationswert hat für die Unternehmensbewertung eine besondere Bedeutung, da er für den rational handelnden Entscheidungsträger die absolute Wertuntergrenze darstellt. Ist der Liquidationswert größer als der Fortführungswert, muss das Unternehmen von einem rational handelnden Entscheidungsträger liquidiert werden (Sieben 1992, S. 2044).

Zusammenfassend kann man die Wertkonzeption des Substanzwerts als veraltet bezeichnen. Die scheinbare Einfachheit steht im Widerspruch zu der Aussagelosigkeit, die durch den Verstoß gegen elementare Bewertungsgrundsätze entsteht. Allerdings hat der Liquidationswert eine enorme Bedeutung, da er die absolute Wertuntergrenze für einen rationalen Entscheidungsträger darstellt. Es zeigt sich, dass der Substanzwert eine vermeintliche Sicherheit bei der Wertermittlung mit sich bringt, die der Ertragswert aufgrund seiner Zukunftsbezogenheit gerade vermissen lässt. Aus diesem Grund wurde der Substanzwert von vielen Autoren über lange Jahre bevorzugt.

Eine besondere Rolle spielte der Substanzwert bei der Union Europeénne des Experts Comptables, Economique et Financiers (UEC). Die UEC wurde 1951 von europäischen Nationalverbänden der Wirtschaftsprüfer gegründet. 1986 wurde sie aufgelöst und ging in der Fédération des Experts Comptables Européenes auf. Für Deutschland war jeweils das Institut der Wirtschaftsprüfer als Mitglied vertreten (Lück 2001, S. 94). Auf ihrem Kongress 1954 wurde eine Expertenkommission eingesetzt, die sich mit den Fragen der Unternehmensbewertung auseinandersetzen sollte. Sie war mehrheitlich mit deutschsprachigen Akademikern besetzt (Henselmann 2014, S. 106) und spiegelt damit gut das Meinungsbild dieser Zeit an deutschen Universitäten wieder. In der 1961 verabschiedeten Stellungnahme heißt es (UEC 1961, S. 20):

> Der Substanzwert lässt sich mit einem hohen Maß an Genauigkeit ermitteln, wodurch der Schätzung eine sichere Basis geschaffen wird. Dagegen spielen beim Ertragswert subjektive Einflüsse, spekulative Momente und unsichere Schätzungsgrundlagen eine so große Rolle, dass man i. d. R. die Ergebnisse dieser Rechnung ohne eine zuverlässige Kontrolle nicht verwerten kann.

Allerdings haben sich schnell Zweifel an der vermeintlichen Zuverlässigkeit des Substanzwerts eingestellt. Der Substanzwert kann leicht zu unplausiblen Werten führen. Man denke an ein Unternehmen, das seit Jahren Verluste macht, aber über teure Grundstücke verfügt. Dieses Unternehmen hätte einen hohen Substanzwert (Bonbright 1937, S. 238):

> It will benefit the owner of an enterprise nothing to possess a company with costly assets. What the owner wants is profitableness, not expensiveness.

Bonbright – Professor für Finanzwirtschaft an der Columbia University – entwickelt seine Werttheorie sehr ähnlich zu der klassischen deutschen Theorie. Er stellt auf die Subjektivität des Wertes ab und kritisiert die Verquickung der Begrifflichkeiten in der Juristerei und betrieblichen Praxis, in der Marktwert, Marktpreis und Wert synonym verwendet werden, ohne dass die notwendige Differenzierung beachtet wird (Bonbright 1937, S. 15 f.)

Aufgrund der Vergangenheitsorientierung, die sich in den Anschaffungskosten zeigen, ist die Vorgehensweise vermeintlich einfach, aber sie führt zu Aussagen, mit denen der Adressat eines Bewertungsgutachtens in der Regel nichts anfangen kann. Münstermann drückt es im Vorwort zu seinem Buch „Wert und Bewertung der Unternehmen" folgendermaßen aus (Münstermann 1970):

> Soll die Wissenschaft aus der resignierenden Fragestellung „Doch vermauert ist dem Sterblichen die Zukunft" die Konsequenz ziehen, dass mit Anspruch auf wissenschaftliche Geltung nichts über die Zukunft ausgesagt werden kann, und somit sich jeglicher Untersuchung der Bewertung der Unternehmung entziehen?

Ähnlich wird es auch von Gmelin beschrieben (Gmelin 1970):

> … die Sicherheit der Ermittlung wird vielmehr mit der Sicherheit über die Aussage über die Höhe des Ertragswertes verwechselt; die Unsicherheit der Zukunft läßt sich auf diese Weise nicht ausschalten, sondern allenfalls verschweigen.

Heute ist es herrschende Meinung, dass der Substanzwert nur als Liquidationswert eine eigenständige Bedeutung hat. Außerdem ist er relevant bei der Beurteilung der eigenständigen Neuerrichtung eines Unternehmens (Rekonstruktionswert). Hierbei ist es aber insbesondere schwierig, die immateriellen Vermögensgegenstände wie Marken, know-how, Betriebsgeheimnisse etc. zu bewerten (Hering 1999, S. 49). Aus diesem Grund relativiert sich dann auch die vermeintlich leichtere Ermittlung des Substanzwerts. Ein Missverständnis kann dadurch entstehen, dass man Substanz und Substanzwert verwechselt. Die Substanz hat sehr wohl einen Einfluss auf den Unternehmenswert: Ist die Substanz, z. B. der Maschinenpark eines Unternehmens, veraltet, so müssen schnell Ersatzinvestitionen vorgenommen werden. Diese Ersatzinvestitionen führen dazu, dass liquide Mittel abfließen und damit die im Ertragswertverfahren bewertungsrelevanten Einzahlungsüberschüsse gemindert werden (Matschke und Brösel 2013, S. 262).

4.2.5   Kombinationsverfahren

Aufgrund der Kritik an beiden Verfahren – dem Ertragswertverfahren und dem Substanzwertverfahren – hielten sich lange sogenannte Kombinationsverfahren, die versuchten, aus
der Aggregation beider Verfahren einen Unternehmensgesamtwert abzuleiten.

In ihrer einfachsten Variante wird ein Mittelwert aus Substanzwert und Ertragswert gebildet:

$$W = \frac{Substanzwert + Ertragswert}{2}$$

Diese Methode wird auch als Berliner Verfahren bezeichnet (Helbling 1995, S. 121).
Geprägt wurde diese Methode von Schmalenbach, der sie verbindet mit einem klaren
Petitum für die Zukunftsbezogenheit der Bewertung (Schmalenbach 1966, S. 36):

> Derjenige, der eine Unternehmung kaufen will, ist wirtschaftlich an nichts anderem interes-
> siert als daran, was die Unternehmung in Zukunft erbringen wird.

Dabei kann man mit der kaufmännischen Kapitalisierungsformel arbeiten, wenn man davon ausgeht, dass ein durchschnittlicher Einzahlungsüberschuss repräsentativ ist. Ausgehend von der Grundformel des Ertragswertverfahrens (Formel 3 in diesem Kapitel, kann
man die Formel vereinfachen, wenn man annimmt, dass die jährliche Einzahlung für den
Investor gleich ist). Schreibt man die Ertragswertformel aus, in dem man das Summen-
zeichen auflöst, so ergibt sich (vgl. Brealey et al. 2011, S. 55):

$$W = \frac{E}{(1+i)} + \frac{E}{(1+i)^2} + \frac{E}{(1+i)^3} + \ldots + \frac{E}{(1+i)^n} \qquad (4.4)$$

Schreibt man den Ausdruck $\frac{E}{(1+i)}$ als a und $\frac{1}{(1+i)}$ als x, so ergibt sich:

$$W = a \cdot \left(1 + x + x^2 + x^3 + \ldots + x^n\right) \qquad (4.5)$$

Werden nun beide Seiten von (4.5) mit x multipliziert, so ergibt sich:

$$W \cdot x = a \cdot \left(x + x^2 + x^3 + x^4 + \ldots + x^n\right) \qquad (4.6)$$

Zieht man (4.6) von (4.5) ab so bleibt stehen:

$$W \cdot (1 - x) = a \qquad (4.7)$$

Führen wir wieder die ursprünglichen Ausdrücke statt a und x ein kann man für (4.7)
schreiben:

$$W \cdot \left(1 - \frac{1}{1+i}\right) = \frac{E}{(1+i)} \tag{4.8}$$

Wenn man nun die beiden Seiten mit (1 + i) multipliziert, so ergibt sich die sogenannte kaufmännische Kapitalisierungsformel:

$$W = \frac{E}{i} \tag{4.9}$$

Das Berliner Verfahren gewichtet Substanz- und Ertragswert gleich. Eine Variante stellt das Schweizer Verfahren dar. Bei dem wird der Ertragswert mit 2 und der Substanzwert mit 1 gewichtet (Helbling 1995, S. 123), womit der größeren Bedeutung des Ertragswertverfahrens Rechnung getragen werden soll. Ähnliche Überlegungen finden sich bereits in dem Werk von Moral (1920, S. 141):

> Der Marktwert, d. h. also der Tauschwert der industriellen Unternehmung liegt in der Mitte
> zwischen dem reinen Werte aller ihrer Vermögensteile und ihrem kapitalisierten Ertrage.

Andere Kombinationsverfahren addieren den Substanzwert mit einem Goodwill, der die „Übergewinne", die das Unternehmen in der Lage ist, zu generieren ausdrücken sollen. Der Übergewinn ergibt sich als Differenz aus dem tatsächlichen Gewinn eines Unternehmens und der notwendigen Verzinsung des Substanzwertes des Unternehmens (Gantenbein und Gehrig 2007, S. 605). Man geht davon aus, dass überdurchschnittliche Gewinne nur für einen bestimmten Zeitraum erzielbar sind. Die hohen Gewinne eines Unternehmens ziehen Wettbewerber an, durch die starke Konkurrenz kommt es zu insgesamt niedrigeren Gewinnen. Die Übergewinne sind also flüchtig. Auf Grund ihrer Flüchtigkeit werden sie zumeist nur für einen Zeitraum von drei bis acht Jahren (Schultze 2003, S. 460) angesetzt und für diese Phase auf ihren Gegenwartswert diskontiert.

Ein Verfahren, dass der Logik der flüchtigen Übergewinne folgte, war das Verfahren der UEC, dem europäischen Verbund der Wirtschaftsprüferverbände. Dieses Verfahren wurde 1961 veröffentlicht. Dieser Standard, obgleich von den Verfassern nur als Empfehlung gedacht, hat aufgrund ihres „Pioniercharakters" (Henselmann 2014, S. 107) große Bedeutung erlangt. Die Methode wurde von Praktikern und Wissenschaftlern im Auftrag der UEC entwickelt.

Im Ergebnis wird zwischen Wert und Preis unterschieden. Der Wert könnte bezahlt werden während der Preis tatsächlich gezahlt wird (UEC 1961, S. 14). Das propagierte und dadurch popularisierte Bewertungsverfahren ist im Kern ein Substanzwertverfahren. Dies wird mit der deutlich sichereren Ermittlungsmethodik erklärt. Der Ertragswert ist bei diesem Vorgehen lediglich eine Korrekturgröße. Das Problem bei der Substanzwertermittlung, dass es für viele Gegenstände keine Marktpreise gibt, wird umgangen, indem ein Marktpreis fingiert werden soll. Dieser Marktpreis soll einen Wert repräsentieren, den ein rationaler Käufer bereit wäre, zu bezahlen. Auch hier wird wieder darauf abgestellt, dass dies nicht der tatsächlich gezahlte Preis sein muss, sondern nur ein Höchstpreis. Formal ergab sich der Wert nach folgender Gleichung (vgl. Merdian 2018, S. 120 f.):

$$W = K + a_n \cdot \left(R - i \cdot W \right)$$

Der Unternehmenswert ermittelt sich aus der Addition von Substanzwert (K) und Goodwill. Der Goodwill wiederum errechnet sich aus der Differenz aus der Zukunftsrente R und dem mit dem Kapitalisierungszinsfuß i multiplizierten Wert des Unternehmens. Dies ist nichts Anderes als der flüchtige Übergewinn. Der Methode bekam ihre Bedeutung auch dadurch, dass die UEC in ihrer Schrift darauf hinwies, dass sie schon von bedeutenden französischen und schweizerischen Wirtschaftsprüfungsgesellschaften angewendet wurde (UEC 1961, S. 25). Es gab in der Folgezeit aber durchaus teilweise heftige Kritik an der entwickelten Formel. Diese wurde in der zweiten Auflage der UEC aufgenommen und die Formel zur Wertermittlung umformuliert (Merdian 2018, S. 121):

$$W = K + a_n \cdot \left(R - i \cdot K \right)$$

Der Goodwill wurde jetzt anders berechnet: Die Differenz bezog sich lediglich auf den Substanzwert K. Das vorher dem Vorgehen inhärente Zirkularitätsproblem wurde so umgangen. Allerdings wurde in der Diskussion immer wieder kritisiert, dass der Substanzwert so stark in den Mittelpunkt der Bewertung gerückt wird. So schrieb Dörner, „daß die UEC-Formel in Wirtschaftsprüferkreisen tot sei" (Dörner 1977, S. 43). Dies führte auch dazu, dass die Neuauflagen des Buches nicht mehr unter dem offiziellen Namen der UEC erschienen, sondern unter den Verfassernamen der Autoren (Viel et al. 1967, 1985). Dies war ein sichtbares Zeichen für die Unzufriedenheit mit dem Standard auch in Kreisen der Praktiker, die aber die eigentlichen Adressaten des Standards waren. Außerdem erschienen die Bücher nicht mehr im offiziellen IDW-Verlag, der dem Institut der Wirtschaftsprüfer direkt angeschlossen ist. Auch dies war ein sichtbares Zeichen, der Distanz zur UEC Methode. Die Kritik aus den akademischen Kreisen war noch deutlicher. So schrieb Jaensch zu der Methode (Jaensch 1969, S. 655):

> Die führenden Praktiker – zu denen man die Autoren rechnen darf – schätzen offenbar die langjährige Übung höher als eine logisch geschlossene Argumentation.

Es sollte noch ein paar Jahre dauern, bis sich dieses harte Verdikt als allgemeingültiger Standard in Deutschland durchsetzte und die Mischverfahren nach und nach verschwanden.

4.2.6   Die Durchsetzung des Ertragswertverfahrens zum deutschen Standard

Durch die Unzufriedenheit mit der UEC-Methode begann das deutsche Institut der Wirtschaftsprüfer sich ausführlicher mit der Unternehmensbewertung zu befassen. Es wurde ein Arbeitskreis Unternehmensbewertung eingerichtet. Vorsitzender des Ausschusses wurde Dietrich Dörner, der später auch als Autor der Kapitel zur Unternehmensbewertung in den WP-Handbüchern zeichnete. In der Auflage des WP-Handbuchs von 1973 wurde demzufolge erstmals ein Kapitel zur Unternehmensbewertung aufgenommen (Dörner 1973, S. 1089 ff.). Hier wurde dem Substanzwert nur noch eine Hilfsfunktion zugesprochen. Leitmethode für die Wirtschaftsprüfer sollte das Ertragswertverfahren sein.

Den endgültigen Siegeszug in den europäischen Bewertungsmethoden erzielte das Ertragswertverfahren jedoch wiederum durch die UEC. Auch diese Organisation nahm das Thema Unternehmensbewertung nach der großen Kritik an der bisherigen Empfehlung wieder auf. Auch hier nahm der deutsche Vertreter Dörner erheblichen Einfluss und erreichte die Fokussierung auf den Ertragswert. Auch wurde als Werttheorie die Funktionenlehre, wie sie an der Universität zu Köln federführend entwickelt worden war, zum Standard (vgl. Kap. 1 dieses Buches). 1980 erschien dann die „Empfehlung zur Vorgehensweise von Wirtschaftsprüfern bei der Bewertung ganzer Unternehmen (TRC 1) herausgegeben vom UEC (UEC 1980)". Auch hier wurde das Ertragswertverfahren als Standard für die Bewertung ganzer Unternehmen angesehen.

Der Arbeitskreis Unternehmensbewertung des IDW beschäftigt sich unter der Leitung von Dörner intensiv mit grundlegenden Fragen der Unternehmensbewertung. Die Facharbeit mündet schließlich in der Stellungnahme HFA 2/1983: „Grundsätze zur Durchführung von Unternehmensbewertungen" (IDW 1983). Der Arbeitskreis Unternehmensbewertung hat sich heute umbenannt in Fachausschuss für Unternehmensbewertung und Betriebswirtschaft (FAUB) (vgl. Quill 2016, S. 142).

Auch in der Theorie fanden sich vehemente Fürsprecher für das Ertragswertverfahren. Mellerowicz (1952, S. 19) betonte, dass das Unternehmen als Ganzes bewertet werden müsse und eine reine Addition der Einzelteile des Unternehmens zu einem falschen Ergebnis führen müsste. Dies führte ihn dazu, dass der Ertragswert der „einzige und endgültige" eines Unternehmens sei, neben dem kein anderer Wert auch nur denkbar wäre. Allerdings interpretierte Mellerowicz den Ertragswert anders als dies die Anhänger einer subjektiven Bewertungstheorie taten. Er argumentierte für einen objektiven Unternehmenswert, der unabhängig von den konkreten Zielen und Möglichkeiten von Erwerber und Veräußerer zu sehen ist (Mellerowicz 1952, S. 12). Ziel war also die Ermittlung eines fingierten Marktwerts, der nur vom Standpunkt aus des Unternehmens zu ermitteln ist. Dieser Wert war trotzdem zukunftsbezogen und betrachtete das Unternehmen als Ganzes, nicht jedoch die Einzelteile des Unternehmens wie in der Substanzbewertung.

Gegenüber der Kölner Funktionenlehre als zugrunde liegender Werttheorie macht der Berufsstand der Wirtschaftsprüfer jedoch einen Unterschied. Die Mithilfe bei der Bestimmung von Argumentationswerten lehnten sie mit Hinweis auf die Berufsgrundsätze der Wirtschaftsprüfer, die sie zu objektiven Urteilen verpflichten, ab (Kuhner und Maltry 2017, S. 71). Stattdessen soll ein objektivierter Unternehmenswert berechnet werden. Dieser soll vom Wirtschaftsprüfer immer dann berechnet werden, wenn er als „neutraler Gutachter" tätig wird. Der objektivierte Wert ist ein Wert, der intersubjektiv nachprüfbar sein soll und so berechnet ist, dass das Unternehmen so weitergeführt wird wie bisher. Dieser soll auch als Basis dienen für Entscheidungs- und Schiedswerte. Damit erhält der objektivierte Unternehmenswert eine zentrale Funktion innerhalb der Bewertungstheorie des IDW. Problematisch ist dabei der Widerspruch zu der eigentlich subjektiven Bewertungslogik, die auch der Funktionentheorie zugrunde liegt. Der IDW löst diesen Konflikt dadurch auf, dass ein „objektiver Dritter" als Inhaber gedacht wird, der die Unternehmung für die bisherigen Inhaber weiterführt. Diese Logik gilt bis heute als Basis der Unternehmensbewertung durch Wirtschaftsprüfer in Deutschland (Castedello 2014, Rz. 17 ff.).

Auch in der Rechtsprechung setzte sich das Ertragswertverfahren als gängiger Standard für Bewertungen, die vor Gericht ausgetragen wurden, nach und nach durch. Insbesondere im Steuerrecht, im Insolvenzrecht oder im Familien- und Erbrecht entfaltet die Unternehmensbewertung erhebliche juristische Bedeutung (Ebke 2019, S. 4). 1955 urteilte der Bundesgerichtshof, dass der „wirkliche Wert des lebenden Unternehmens als Einheit" anzusetzen ist (BGH vom 21.04.1955 BGHZ 17/130). Dies suggeriert einen objektiven Wert, der von den konkreten an dem Prozess beteiligten Personen abstrahiert (Hüttemann 1998, S. 565).

Exemplarisch für ein Urteil zur Unternehmensbewertung sei das Urteil vom 04.04.1979 genannt, welches vom OLG Celle 1979 gesprochen worden ist (OLG Celle vom 04.04.1979, W × 2/77, AG 1979, S. 230). Es ist insofern bemerkenswert, da hier der Ertragswert vollständig als bewertungsentscheidend angesehen wird. In dem zu behandelnden Fall wurde der Ertragswert nach der Formel der ewigen Rente berechnet (vgl. Bellinger und Vahl 1984, S. 55). Angesetzt wurde die folgende Formel:

$$Unternehmenswert = \frac{Nachhaltiger\ Zukunftserfolg}{Kapitalisierungszins\ 6\%}$$

Der sich so ergebende Ertragswert war niedriger als der Substanzwert des Unternehmens. Das Gericht hielt auch in diesem Fall den Ertragswert für den maßgebenden Wert. In diesem Urteil wird auch dargelegt, dass der Ertragswert um den Substanzwert (verstanden zu Nettoveräußerungserlösen, also zu Liquidationswerten) des nicht-betriebsnotwendigen Vermögens erhöht werden muss. Den Hauptkritikpunkt der Befürworter des Substanzwertes lehnte das OLG Celle ab. Der Sachverständige, der das in Rede stehende Bewertungsgutachten erstattet hatte, ging bei seiner Bewertung vom Sachstand von 1976 aus. Inzwischen hatten sich die von ihm gemachten Prognosen als falsch erwiesen. Solange die Wurzeln für die Erträge bereits zum Bewertungsstichtag angelegt waren, wurden diese als bewertungsrelevant angesehen. Diejenigen Erfolge, die auf Ereignissen basierten, die am Bewertungsstichtag nicht absehbar waren, wurden nicht berücksichtigt. Das Ertragswertverfahren wurde auch in der Rechtsprechung zum Bewertungsstandard, obgleich es für Juristen aufgrund seiner Zukunftsorientierung eher schwierig greifbar ist (vgl. zur Geschichte der Durchsetzung Münstermann 1980, S. 114 ff.). Bei allen subjektiven Bewertungen verbleibt ein Dilemma: Ökonomische Werte sind subjektiv, Gerichte benötigen aber objektive Werte, um Recht zu sprechen (Kuhner 2007, S. 826). Aufgelöst werden kann dieses Dilemma nicht vollständig, da im Bewertungsparadigma, das in Deutschland traditionell vorherrschend ist, es nur subjektive Unternehmenswerte gibt. Man kann allerdings auf Bewertungsannahmen zurückgreifen, die von individuellen Situationen abstrahieren und somit einer objektivierten Situation, wie sie auch die Wirtschaftsprüfer bevorzugen, nahekommen. Dies soll es ermöglichen, einen hypothetischen Marktpreis ermitteln zu können (Kuhner 2007, S. 826). Dieser ist dann wiederum nicht mit dem auf individuellen Wertvorstellungen basierendem Ertragswertverfahren sondern eher durch Rückgriff auf die kapitalmarktorientierten Bewertungsverfahren angelsächsischer Prägung zu ermitteln.

Empirische Untersuchungen zeigen, dass bis heute insbesondere bei kleinen und mittleren Unternehmen die meisten Unternehmensbewertungen mit dem Ertragswertverfahren durchgeführt werden (vgl. die Übersicht bei Behringer 2012, S. 233 ff.). Dies gilt obwohl durch Unternehmensberatungs- und Wirtschaftsprüfungsgesellschaften sowie Investmentbanken amerikanischer Provenienz derzeit eher die amerikanischen Bewertungsstandards ihren Weg nach Deutschland finden. Die Rezeption deutscher Ideen in den angelsächsischen Ländern ist vergleichsweise gering (Matschke et al. 2010). Insbesondere von Matschke und seinen Schülern wird die deutsche Schule der Unternehmensbewertung auch international vertreten. So gibt es inzwischen Veröffentlichungen in chinesischer, russischer und englischer Sprache. Dies lässt sich z. B. an der Aussage des Krakauer Wirtschaftswissenschaftlers Jaki erkennen, der schrieb, dass es international nur zwei Schulen der Unternehmensbewertung gibt, nämlich die deutsche funktionale Schule der Unternehmensbewertung und die angelsächsische Linie (Jaki 2012).

Literatur

Arnold GC, Hatzopoulos PD (2000) The theory-practice gap in capital budgeting: evidence from the United Kingdom. J Bus Financ Acc 27:603–626

Ballwieser W (1990) Unternehmensbewertung und Komplexitätsreduktion, 3. Aufl. Gabler, Wiesbaden

Bartke G (1960) Erkenntnisobjekt und Zwecke der Unternehmensbewertung. BFuP 12:266–279

Baumstark E (1835) Kameralistische Encyclopädie. Handbuch der Kameralwissenschaften und ihrer Literatur für Rechts- und Verwaltungsbeamte, Landstände, Gemeinde-Räthe und Cameral-Candidaten. Karl Groos, Heidelberg/Berlin

Behringer S (2012) Unternehmensbewertung der Mittel- und Kleinbetriebe, 5. Aufl. Erich Schmidt, Berlin

Behringer S (2013) Unternehmensbewertung der Klein- und Mittelbetriebe, 5. Aufl. Erich Schmidt, Berlin

Behringer S (2016) The development of the Net Present Value (NPV) rule – religious prohibitions and ist evolution. Rev Econ Financ 6(3):74–87

Behringer S, Lühn M (2016) Cashflow und Unternehmensbeurteilung, 11. Aufl. Erich Schmidt, Berlin

Bellinger B, Vahl G (1984) Unternehmensbewertung in Theorie und Praxis. Gabler, Wiesbaden

Berghoff H (2016) Moderne Unternehmensgeschichte. Eine Themen- und Theorieorientierte Einführung, 2. Aufl. de Gruyter, Berlin

Bodie Z, Merton RH (2000) Finance. Prentice Hall International, Prentice Hall

Böhm-Bawerk E (1903) Capital und Capitalzins. Wagner, Wien

Bonbright JC (1937) The valuation of property. McGraw Hill, New York

Brealey RA, Myers SC, Allen F (2011) Principles of corporate finance, 10. Aufl. McGraw Hill, New York

Bretzke WR (1976) Zur Problematik des Obektivitätsanspruchs in der Unternehmensbewertungslehre. BFuP 28:543–553

Brockhoff K (2012) Betriebswirtschaftslehre in Wissenschaft und Geschichte. Eine Skizze, 3. Aufl. Springer, Berlin

Brockhoff K (2016) Zur Vor- und Fürhgeschichte des Verbandes der Hochschullehrer für Betriebswirtschaft. ZfbF 68:229–251

Busse von Colbe W (1957) Der Zukunftserfolg. Gabler, Wiesbaden

Castedello M (2014) Die Unternehmensbewertung. In: IDW (Hrsg) WP-Handbuch, Bd 2. IDW, Düsseldorf, S 1–214

Chawla C, Mangaliso M, Knipes B, Gauthier J (2012) Antecedents and implications of uncertainty in management: a historical perspective. J Manag Hist 18:200–218

Coase RH (1938) Business organisation and the accountant. In: Solomons D (Hrsg) Studies in costing. Sweet and Maxwell, London, 1952, S 105–158

Dean J (1951) Capital budgeting. Columbia University Press, New York

Dean J (1954) Measuring the productivity of capital. Harv Bus Rev 32:120–130

Dörner D (1973) Unternehmensbewertung. In: IdW (Hrsg) WP-Handbuch, 6. Aufl. IDW, Düsseldorf, S 1089–1180

Dörner D (1977) Der Stand der Diskussion um die Unternehmensbewertung (auf nationaler und internationaler Ebene) aus der Sicht des Wirtschaftsprüfers. In: Goetzke W, Sieben G (Hrsg) Moderne Unternehmensbewertung und Grundsätze ihrer ordnungsgemäßen Durchsetzung. Gebera, Köln

Drygala T, Staake M, Szalai S (2012) Kapitalgesellschaftsrecht. Springer, Berlin

Dulman SP (1989) The development of discounted cash flow techniques in U.S. industry. Bus Hist Rev 63:555–587

Ebke WF (2019) Einleitung: Bernhard Großfeld und das Recht der Rechnungslegung und der Unternehmensbewertung. In: Tönnes WA (Hrsg) Unternehmensbewertung, FS zum 85. Geburtstag von Bernhard Großfeld. C.F. Müller, Heidelberg, S 1–6

Faulhaber GR, Baumol WJ (1988) Economists as innovators: practical products of theoretical research. J Econ Lit 24:577–600

Fisher I (1930) The theory of interest. Wiley, New York

Gantenbein P, Gehrig M (2007) Moderne Unternehmensbewertung. Bewertungsziel mit Methodenmix erreichen. Schweiz Treuhänd 81:602–612

Gmelin HJ (1970) Die Bewertung von Unternehmungen und Unternehmensanteilen im Rahmen von Verschmelzungen. In: Deutsche Gesellschaft für Betriebswirtschaft (Hrsg) Die Verschmelzung von Unternehmungen. Springer, Berlin, S 33–53

Graham J, Harvey C (2002) How CFOs make capital budgeting and capital structure decisions. J Appl Corp Financ 15:8–23

Grant EL (1950) Principles of engineering economy. Ronald Press, New York

Greulich F (2002) Transportation networks in forest harvesting: early development of the theory. Working paper, University of Washington

Grieger J (1999) Ansatzpunkte und Perspektiven der Rekonstruktion von Betriebswirtschaftslehre und Nationalsozialismus. Arbeitspapiere des Fachbereichs Wirtschaftswissenschaft, Nr. 187, Wuppertal

Haka SF (2007) A review of the literature on capital budgeting and investment appraisal: past, present, and future musings. In: Chapman CS et al (Hrsg) Handbook of management accounting research, Bd 2. Elsevier, Amsterdam, S 697–728

Hall MG (1988) Jüdische Buchhändler und Verleger im Schicksalsjahr 1938 in Wien. Anz österreichischen Buchhand 123(5):40–45

Helbling C (1995) Unternehmensbewertung und Steuern. IDW, Düsseldorf

Henselmann K (2014) Geschichte der Unternehmensbewertung. In: Peemöller VH (Hrsg) Praxishandbuch der Unternehmensbewertung, 6. Aufl. NWB, Herne, S 95–128

Hering T (1999) Finanzwirtschaftliche Unternehmensbewertung. DUV, Wiesbaden

Hirshleifer J (1958) On the theory of optimal investment decision. J Polit Econ 66(4):329–352

Hosterbach E (1987) Unternehmensbewertung – Die Renaissance des Substanzwertes. DB 40:897–902

Hüttemann R (1998) Unternehmensbewertung als Rechtsproblem. ZHR 162:563–595

IDW (1983) Stellungnahme HFA 2/1983: Grundsätze zur Durchführung von Unternehmensbewertungen. WPg 46:468–480

Jaensch G (1969) Empfehlungen zur Bewertung von ganzen Unternehmungen. Rezension zu Viel/Bredt/Renard: Die Bewertung von Unternehmungen und Unternehmensanteilen, 2. Aufl. Stuttgart 1967, veränderte Wiederauflage des gleichnamigen Buches der UEC von 1961. ZfbF XY 21:643–655

Jaki A (2012) Kategoria wartosi w niemieckich i anglo-saskich standardach wyceny. In: Zarzecki D (Hrsg) Czas na Pieniadz. Rynky Finansowe, Stettin

Johnson HT, Kaplan RS (1987) Relevance lost. The rise and fall of management accounting. Harvard Business School Press, Boston

Jonas HH (1954) Einige Bemerkungen zur Bestimmung des Verkehrswertes von Unternehmungen. ZfB 24:18–27

Jones TW, Smith JD (1982) An historical perspective of net present value and equivalent annual costs. Account Hist J 9:103–110

Klein-Blenkers F, Reiß M (1993) Geschichte der Betriebswirtschaftslehre. In: Wittmann W (Hrsg) Handwörterbuch der Betriebswirtschaftslehre, 5. Aufl. Schäffer-Poeschel, Stuttgart, S 1417–1433

Kuhner C (2007) Unternehmensbewertung: Tatsachenfrage oder Rechtsfrage. WPg 60:825–834

Kuhner C, Maltry H (2017) Unternehmensbewertung, 2. Aufl. Springer, Heidelberg

Kuller C (2013) Bürokratie und Verbrechen. Oldenbourg, München

Liebermann B (1923) Der Ertragswert der Unternehmung. Dissertation, Frankfurt

Löhr D (1994) Die Grenzen des Ertragswertverfahrens. Peter Lang, Frankfurt

Lorie JH, Savage LJ (1955) Three problems in rationing capital. J Bus 28:229–239

Lorson P, Häußler M, Martins EC (2015) Geschichte und Denker der Betriebswirtschaftslehre. In: Schweitzer M, Baumeister A (Hrsg) Allgemeine Betriebswirtschaftslehre, Theorie und Politik des Wirtschaftens in Unternehmen, 11. Aufl. Erich Schmidt, Berlin, S 47–91

Lück W (2001) Lexikon der Internen Revision. Oldenbourg, München

Mandl G, Rabel K (1997) Unternehmensbewertung. Eine praxisorientierte Einführung. Ueberreuter, Wien

Mantel P (2009) Betriebswirtschaftslehre und Nationalsozialismus. Eine institutionen- und personengeschichtliche Studie. Gabler, Wiesbaden

Mantel P (2010) „Eine vollkommen unpolitische Disziplin." Zur Entwicklung der modernen Betriebswirtschaftslehre im ersten Halbjahrhundert ihres Bestehens. Die Hochschule. J Wiss Bild 19:148–164

Marshall A (1920) Principles of economics, 8. Aufl. Macmillan, London

Matschke MJ (1975) Der Entscheidungswert der Unternehmung. Gabler, Wiesbaden

Matschke MJ, Brösel G (2013) Unternehmensbewertung, 4. Aufl. Springer, Wiesbaden

Matschke MJ, Brösel G, Matschke X (2010) Fundamentals of functional business valuation. J Bus Valuat Econ Loss Anal 5:1–39

Mellerowicz K (1952) Der Wert des Unternehmen als Ganzes. Giradet, Berlin

Merdian A (2018) Zur Vereinheitlichung des europäischen Prüfungsmarkts am Beispiel der Unternehmensbewertung. Springer, Wiesbaden

Moral F (1920) Die Abschätzung des Wertes industrieller Unternehmungen. Springer, Berlin

Moxter A (1983) Grundsätze ordnungsmäßiger Unternehmensbewertung, 2. Aufl. Gabler, Wiesbaden

Münstermann H (1970) Wert und Bewertung der Unternehmen, 3. Aufl. Gabler, Wiesbaden

Münstermann H (1980) Der Zukunftsentnahmewert der Unternehmung und seine Beurteilung durch den Bundesgerichtshof. BFuP 32:114–124

Oeynhausen C (1822) Über die Bestimmung des Kapitalwerthes von Steinkohlen-Zechen. Mit besonderer Berücksichtigung des Märkschen Kohlenbergbaues. Archiv für Bergbau und Hüttenwesen 5:306–319

Parker RH (1968) Discounted cash flow in historical perspective. J Account Res 6:58–71

Pike R (1996) A longitudinal survey on capital budgeting practices. J Bus Financ Account 23:79–92

Poitras G (2006) Pioneers of financial economics: contributions prior to Irving Fisher. Edward Elgar, Cheltenham

Quill T (2016) Interessengeleitete Unternehmensbewertung. Springer Gabler, Wiesbaden

Rae J (1834) Statement of some new principles on the subject of political economy. Gray & Co. Boston, Hilliard

Rubinstein M (2003) Great moments in financial economics: i present value. J Invest Manag 1(2):45–54

Rubinstein M (2006) A history of the theory of investments. My annotated bibliography. John Wiley, New York

Rutterford J (2004) From dividend yield to discounted cash flow: a history of UK and US equity valuation techniques. Account Bus Financ Hist 14:115–149

Schmalenbach E (1931) 25 Jahre. Zeitschrift für handelswissenschaftliche Forschung 25:1–4

Schmalenbach E (1966) Die Beteiligungsfinanzierung, 9. Aufl. Westdeutscher, Köln

Schmidt R (1991) Der Sachzeitwert als Übernahmepreis bei der Beendigung von Konzessionsverträgen. Wissenschaftlicher Verlag VAUK, Kiel

Schneider D (1984) Managementfehler durch mangelndes Geschichtsbewusstsein in der Betriebswirtschaftslehre. Z Unternehm 29:114–130

Schneider D (1998) Marktwertorientierte Unternehmensrechnung: Pegasus mit Klumpfuß. Betrieb 51(30):1473–1478

Schneider D (2014) Geschichte der Betriebswirtschaftslehre. In: Lingenfelder M (Hrsg) 100 Jahre Betriebswirtschaftslehre in Deutschland. Vahlen, München, S 1–30

Schreyögg G (2007) Betriebswirtschaftslehre nur noch als Etikett? Betriebswirtschaftslehre zwischen Übernahme und Zersplitterung. ZfbF Sonderheft 56/07:140–160

Schultze W (2003) Kombinationsverfahren und Residualgewinnmethode in der Unternehmensbewertung: Konzeptioneller Zusammenhang. KoR 3:458–464

Scorgie MB (1965) Rate of return. Abacus 1:85–91

Serfling K, Pape U (1995) Theoretische Grundlagen und traditionelle Verfahren der Unternehmensbewertung. WISU 24:808–820

Shillinglaw G (1980) Old horizons and new frontiers: the future of management accounting. In: Holzen HP (Hrsg) Management accounting: 1980. Urbana, Chicago

Sieben G (1963) Der Substanzwert der Unternehmung. Springer, Wiesbaden

Sieben G (1992) Zur Wertfindung bei der Privatisierung von Unternehmen in den neuen Bundesländern durch die Treuhandanstalt. DB 45:2041–2051

Sieben G, Schildbach T (1979) Zum Stand der Entwicklung der Lehre von der Bewertung ganzer Unternehmungen. DStR 17:455–461

UEC (1961) Die Bewertung von Unternehmungen und Unternehmungsanteilen. IDW, Düsseldorf

UEC (1980) Vorgehensweise von Wirtschaftsprüfern bei der Bewertung ganzer Unternehmen, (TRC 1). Generalsekretariat der UEC, München

Verse-Herrmann A (1997) Die „Arisierungen" in der Land- und Forstwirtschaft 1938 – 1942. Steiner, Stuttgart

Viel J, Bredt O, Renard M (1967) Die Bewertung von Unternehmungen und Unternehmensanteilen, 2. Aufl. Verlag des Schweizerischen Kaufmännischen Vereins, Zürich

Viel J, Bredt O, Renard M (1985) Die Bewertung von Unternehmungen und Unternehmensanteilen, 5. Aufl. Poeschel, Stuttgart

Weaver JB (1956) Use of engineering economics by the chemical industry. Eng Econ 2(Fall):19–25

Wellington AM (1877) The economic theory of the location of railways. Wiley, New York

Wellington AM (1887) The economic theory of the location of railways, 2. Aufl. Wiley, New York

Wittek-Saltzberg L (1970) Die wirtschaftspolitischen Auswirkungen der Okkupation Österreichs. Dissertation, Universität Wien

Wöhe G (1990) Entwicklungstendenzen der Allgemeinen Betriebswirtschaftslehre im letzten Drittel unseres Jahrhunderts – Rückblick und Ausblick. Betriebswirtschaft 50:223–235

Die Entwicklung der angelsächsischen Unternehmensbewertung – kapitalmarktorientierter Ansatz

5

5.1 Spezifika der angelsächsischen Bewertung

In der angelsächsischen Bewertungslehre spielt der Kapitalmarkt eine besondere Rolle. Er wird zum Referenzobjekt auch für andere betriebswirtschaftliche Anlässe, wie die Unternehmensbewertung. Die Börse ist eigentlich der offensichtliche und natürliche Ort für die Unternehmensbewertung. Dort wird jeden Tag ein Preis für ein Unternehmen in Form eines Aktienkurses ermittelt. Allerdings ist fraglich und umstritten, welche Relevanz der so ermittelte Wert für das Unternehmen tatsächlich hat. Eine Aktie gibt nur eine Stimme auf der Hauptversammlung. Die Unternehmensbewertung ermittelt Werte für die gesamte Verfügungsgewalt über ein Unternehmen. Aus diesem Grund sind die so ermittelten Werte nicht oder nicht vollständig übertragbar auf den Gesamtwert des Unternehmens. Des Weiteren spielen an Börsen andere Dinge für die Preisentwicklung eine Rolle. Durch Irrationalitäten der Marktteilnehmer kommt es immer wieder zu Über- oder Untertreibungen, durch die der wahre Wert entweder über- oder unterschätzt wird (Behringer 2000, S. 463 ff.).

An Börsen treffen Angebot und Nachfrage an Wertpapieren und bestimmten Gütern zusammen. Voraussetzung ist, dass die angebotenen Papiere und Gegenstände fungibel sind, d. h. sie sind vertretbar: Eines ist so gut wie das andere. Bei einer Aktie spielt es keine Rolle, welche konkrete Aktie man erhält. Jede verbrieft genau die gleichen Rechte.

Ein Datum, wann die Börse erfunden wurde, lässt sich nicht bestimmen. Vermutlich gab es Börsen schon in der Antike (Funck 1988, S. 24). Der Begriff wird häufig auf die Kaufmannsfamilie van der Beurse (oder Burse) zurückgeführt, in deren Haus in Brügge Zusammenkünfte italienischer Kaufleute stattfanden, die dort Waren handelten (Grzebeta 2014, S. 23). Als erste Börse wird zumeist die Antwerpener Börse bezeichnet, deren Gründung auf das Jahr 1531 datiert wird. Hier wurden insbesondere Goldmünzen gehandelt. Das erste Unternehmen, dessen Aktien an der Börse notiert wurden, war die Niederländische

© Springer Fachmedien Wiesbaden GmbH, ein Teil von Springer Nature 2020
S. Behringer, *Eine kurze Geschichte der Unternehmensbewertung*,
https://doi.org/10.1007/978-3-658-28703-0_5

Ostindien Companie, die 1602 als erste neuzeitliche Aktiengesellschaft gegründet wurde. In Amsterdam legitimierte der Stadtrat 1608 die Gründung der ersten Börse. Paris bekam 1724 seine erste Börse, London 1773. In Frankfurt wurden seit 1585 Währungen gehandelt, Wertpapiere kamen aber erst im 18. Jahrhundert an der Frankfurter Wertpapierbörse in den Handel (Grzebeta 2014, S. 23 f.). Die Idee, Aktien auf offenen Märkten zu verkaufen, wurde bereits im Mittelalter geboren, wie die in Kap. 2 dieses Buches behandelten Mühlen in Toulouse eindeutig zeigen. Für die Unternehmensbewertung ist die Idee verlockend, mit den täglich produzierten Daten an der Börse zu arbeiten. Daher liegt es nahe, dass man auf Basis der Kapitalmarktdaten arbeitet.

Im Unterschied zu den anderen Wertkonzeptionen wird bei einer solchen Art der Bewertung aber nicht ein individueller Grenzpreis ermittelt, sondern ein Marktwert. Immer, wenn man auf Marktgrößen zurückgreift, wird nicht mehr der individuelle Wunsch einer Partei berücksichtigt, sondern stattdessen die allgemeine Einstellung, wie sie an den Kapitalmärkten vorherrscht. Damit besteht eine andere Zwecksetzung der Unternehmensbewertung in der angelsächsischen Tradition. Es geht darum, marktorientiere Werte zu ermitteln, die den Marktwerten nahekommen. Die deutsche Tradition intendiert das nicht, obwohl manche Autoren dies irrigerweise fordern.

Historisch ist die Bewertung in den angelsächsischen Ländern also stärker mit börsennotierten Unternehmen befasst als das in Deutschland der Fall war. Folgerichtig basierte die Bewertung zunächst zumeist auf dem Barwert der Dividenden (Rutterford 2004, S. 116). Insbesondere mit dem Werk von Smith (1925) wurde diese Logik infrage gestellt. Es gab genügend Unternehmen, deren Gewinne deutlich über den Dividendenzahlungen lagen, so dass eine rein dividendenbasierte Bewertung zu kurz greifen würde. Stattdessen musste die Bewertung an den Gewinnen festmachen. Es entwickelte sich das Discounted Cashflow Verfahren.

5.2   Das Discounted Cashflow-Verfahren

Voraussetzung des Modells ist das Idealbild des vollkommenen Kapitalmarkts. Dabei handelt es sich um eine Sammlung von Prämissen, die dafür sorgen, dass Kalküle und Modelle beherrschbar bleiben – also um bewusste Vereinfachungen, wie sie z. B. auch die Naturwissenschaften häufig anwenden, wenn sie beispielsweise ein Vakuum voraussetzen oder sonstige ideale Bedingungen annehmen. Ein vollkommener Kapitalmarkt ist geprägt durch die folgenden Annahmen (vgl. Rudolph 2006, S. 28 f.; Breuer 2012, S. 39 f.):

- Alle Marktteilnehmer können Gelder in beliebiger Höhe aufnehmen und anlegen. Dazu existiert ein Zinssatz, der sowohl für Anlagen als auch für Ausleihungen gilt (Sollzins = Habenzins)
- Es wird von Transaktionskosten (beispielsweise für die Übertragung von Anteilen) und Steuern abgesehen.

- Kein Marktteilnehmer kann die Preise am Markt beeinflussen.
- Alle Marktteilnehmer haben die gleichen Erwartungen.
- Für alle Marktteilnehmer herrscht Wettbewerb, der dazu führt, dass alle nur zu den Marktbedingungen anlegen und ausleihen können.

Implizit ergibt sich aus diesen Annahmen, dass es nur einen Zinssatz gibt, zu dem sowohl Geld aufgenommen als auch angelegt werden kann. Würde es unter den obigen Voraussetzungen auf einem Kapitalmarkt zwei Zinssätze in unterschiedlicher Höhe geben, könnte ein Marktteilnehmer einen Kredit zum niedrigen Zinssatz aufnehmen und diesen zum höheren Zinssatz anlegen. Aufgrund der Voraussetzung, dass es keine Transaktionskosten gibt, werden alle Marktteilnehmer diese Möglichkeiten kennen und sich entsprechend verhalten, da alle mehr Geld erstreben – sich also dem Verhaltensmuster des homo oeconomicus anschließen. Insofern würden ungleiche Zinssätze dazu führen, dass eine unbegrenzte Nachfrage an Krediten zum niedrigen Zinssatz keinem Angebot gegenüberstehen würde. Daher ergibt sich als Konsequenz im Gleichgewicht die Identität von Soll- und Habenzins.

Der Begriff „vollkommener Kapitalmarkt" ist widersprüchlich, da er eine Analogie zum vollkommenen Markt der Preistheorie suggeriert. Eigentlich handelt es sich um einen vollkommenen, atomistischen und im Gleichgewicht befindlichen Kapitalmarkt (Schneider 1992, S. 74). Der Nobelpreisträger Kenneth Arrow, auf den die Idee des vollkommenen Kapitalmarkts zurückgeht, stellte sich eine Versicherung vor, die jeden Investor und Gläubiger vor den Unwägbarkeiten der Insolvenz schützte und somit dafür sorgt, dass die Voraussetzungen des vollkommenen Kapitalmarkts nicht so unrealistisch sind, wie sie sich anhören (Bernstein 1996, S. 203 f.).

Die Idee, dass alle gleich behandelt werden müssen, um ein effizientes Ergebnis zu erreichen, und das Ergebnis dann fair ist, wird auch schon in der Literatur zum Glücksspiel beschrieben. Der italienische Humanist Gerolamo Cardano (1501–1576) schreibt in seinem Liber de Ludo Aleae (Das Buch von Spiel und Zufall) (Cardano 1961):

> The most fundamental principle of all in gambling is simply equal conditions e.g. of opponents, of bystanders, of money, of situation, of the dice box, and of the die itself. To the extent to which you depart from that equality, if it is in your opponents favour, you are a fool, and if in your own, you are unjust.

Eine solche „ungerechte" Lage wäre z. B. der Fall, wenn ein Investor Insiderinformationen, die der Allgemeinheit nicht zur Verfügung stehen, nutzt, um eigene Spekulationserfolge auf dem Kapitalmarkt zu erzielen. In dem Buch finden sich im Übrigen auch die ersten Versuche das Konzept der Wahrscheinlichkeit zu systematisieren (Bernstein 1996, S. 46). Cardano war Spieler, aber auch der berühmteste Arzt seiner Zeit, auf dessen medizinischen Rat Bischöfe und Päpste hören. Darüber hinaus fand er noch Zeit, 131 gedruckte Bücher in einer großen Spanne von Themenfeldern von Nero über Horoskope bis hin zu Jesus Christus, zu schreiben. Wie viele Spielbegeisterte war er aber auch ein großer Mathematiker, der die Rechenkunst anwendete, um seine Spielleidenschaft zu optimieren.

Problematisch an den Voraussetzungen des vollkommenen Kapitalmarkts ist auch, dass alle Marktteilnehmer gleichgerichtete Erwartungen haben sollen. Dies würde bedeuten, dass niemand einen Anreiz zum Kauf oder Verkauf eines Unternehmens haben soll. Jeder erwartet ja das gleiche, aus der Unternehmenstransaktion kann kein Vorteil entstehen. Unterschiedliche Preisvorstellungen über Unternehmen, die zu einem Tausch des Eigentums führen können, kann es in dieser Welt auch nicht geben. Streng genommen bedarf es keines Marktes für Unternehmen oder Investments (Schildbach 2017, S. 261 f.).

Auf einem solchen Kapitalmarkt gilt das Irrelevanztheorem von Modigliani und Miller (vgl. Modigliani und Miller 1958, S. 261 ff., ausführlich Abschn. 5.3.2). Nach diesem Theorem ist der Wert eines Unternehmens unabhängig von seiner Finanzierung, d. h. von der Passivseite der Bilanz. Betrachtet man zwei identische Unternehmen, eines vollständig eigenfinanziert, das andere sowohl durch Eigen- als auch durch Fremdkapital finanziert, ergibt sich die folgende Überlegung: Erwirbt ein Investor 1 % der Anteile an dem eigenfinanzierten Unternehmen, so steht ihm 1 % des Gewinns dieses Unternehmens zu. Erwirbt ein Investor 1 % des Eigenkapitals und 1 % des Fremdkapitals des mischfinanzierten Unternehmens, so steht ihm 1 % des Gewinns dieses Unternehmens und 1 % der Zinsaufwendungen zu. Die Zinsaufwendungen haben vorher den Gewinn dieses Unternehmens gemindert, so dass die Position des Investors auf dem vollkommenen Kapitalmarkt (wegen der Abwesenheit von Steuern) identisch ist unabhängig ob das Unternehmen eigen- oder mischfinanziert ist.

Man kann unter diesen Voraussetzungen ein Unternehmen als Summe der mit ihren Anteilen am Gesamtkapital gewichteten Werte des Eigenkapitals und des Fremdkapitals bewerten. Die Werte ergeben sich, indem man die Auszahlungen für Eigen- und Fremdkapital mit ihren risikoadäquaten Zinsfüßen diskontiert. Der Unternehmenswert ergibt sich als Summe der beiden mit ihren risikoadäquaten Diskontierungsfaktoren abgezinsten Kapitalarten:

$$Wert = \frac{FK}{k_{FK}} + \frac{EK}{k_{EK}}$$

Ausgedrückt als Renditeforderung bzw. Zielgröße eines Investors ergibt dies die Weighted Average Cost of Capital (WACC), die gewichteten durchschnittlichen Kapitalkosten (Krag und Kasperzak 2000, S. 87 ff.):

$$WACC = k_{FK} \cdot \frac{FK}{GK} + k_{EK} \cdot \frac{EK}{GK}$$

$$Dabei\ gilt: GK = FK + EK$$

mit:

FK = Marktwert des Fremdkapitals

k_{FK} = Fremdkapitalkosten des zu bewertenden Unternehmens

GK = Marktwert des Gesamtkapitals

k_{EK} = Eigenkapitalkosten des zu bewertenden Unternehmens

EK = Marktwert des Eigenkapitals

Da es in der Modellwelt des vollkommenen Kapitalmarkts keine Steuern gibt und auch von Mischformen der Finanzierung abstrahiert wird, kann man die WACC als adäquat bezeichnen, um den Gesamtwert eines Unternehmens zu ermitteln. Auf die Erläuterung von Erweiterungen des Modells mit der Einführung von unterschiedlich hohen Soll- und Habenzinsen (siehe Hirshleifer 1958, S. 329 ff.) bzw. Besteuerung (siehe Miles und Ezzel 1996, S. 1485 ff.) wird hier verzichtet.

Die Daten zur Berechnung der WACC können überwiegend leicht aus dem Rechnungswesen des Unternehmens genommen werden, um Näherungswerte zu erhalten. Problematisch ist allerdings die Bestimmung der Eigenkapitalkosten. In der kapitalmarktorientierten Unternehmensbewertung wird zur Schätzung der Eigenkapitalkosten auf das CAPM (Capital Asset Pricing Model, ausführlich Abschn. 5.3.3) zurückgegriffen. Das CAPM bestimmt die Preise für risikobehaftete Anlageformen im Kapitalmarktgleichgewicht.

Rationale Investoren haben nach dem CAPM eine Renditeerwartung rEK an ein Wertpapier, die sich aus dem risikolosen Zinssatz i^* und einer Risikoprämie RP zusammensetzt:

$$r_{EK} = i * RP$$

Die Risikoprämie ergibt sich zum einen aus der Risikoprämie, die bei Investitionen in das risikobehaftete Marktportefeuille (z. B. einen den Markt nachbildenden Aktienindex) fällig wird. Diese entspricht der Differenz der erwarteten Rendite des Marktportefeuilles r_M und dem risikolosen Zinssatz i^*. Neben dem unsystematischen Risiko, das allein durch Investition in das risikobehaftete Marktportefeuille entsteht und im Marktgleichgewicht nicht vergütet wird, ist das systematische Risiko von Bedeutung, das die Relation der betrachteten Anlage mit dem Marktportefeuille bezeichnet. Dies berechnet das CAPM durch den β-Faktor. Der β-Faktor ist das Maß der Sensitivität zwischen der erwarteten Rendite des einzelnen Wertpapiers und der erwarteten Rendite des Marktportefeuilles (vgl. Perridon et al. 2017, S. 298). Es zeigt die relative Schwankungsanfälligkeit eines Wertpapiers im Vergleich zu einem anderen Wertpapier oder Index.

Multipliziert man den β-Faktor der Anlage j mit der Risikoprämie für die Investition in das risikobehaftete Marktportefeuille, ergibt sich die Risikoprämie, die ein rationaler Investor für ein bestimmtes Wertpapier j verlangen wird (vgl. Ballwieser 1995, S. 122):

$$r_{EK} = i^* + \beta_j \cdot \left(r_m - i^* \right)$$

Die Aussage ist, dass eine risikobehaftete Anlage im Kapitalmarktgleichgewicht, eine Risikoprämie proportional zu ihrem systematischen Risiko hat. Wichtig dabei ist zu bemerken, dass es sich um ein Modell für das Marktgleichgewicht handelt. Ein Markt ist dann im Gleichgewicht, wenn der Markt geräumt ist, also es kein weiteres Angebot oder

Nachfrage gibt (vgl. Woeckener 2010, S. 66). Von daher ist das CAPM eigentlich nicht geeignet, um bei Unternehmenstransaktionen, die eine Situation Kauf/Verkauf beinhalten, angewendet zu werden. In der Praxis wird dies jedoch ständig getan, wie die vielfältigen kleinen und großen Unternehmenstransaktionen in der Praxis zeigen.

Damit sind die finanzierungstheoretischen Voraussetzungen gelegt, um die Discounted Cash-flow Verfahren als Methodik der kapitalmarktorientierten Unternehmensbewertung im Detail zu diskutieren.

Die Discounted Cash-flow Verfahren werden in mehreren Ausprägungen verwendet (Ballwieser 1998, S. 81 ff.). Bei dem Bruttoansatz (Entity-Approach) wird ein Unternehmensgesamtwert aus der Summe der Werte des Eigen- und Fremdkapitals ermittelt und die Zahlungsströme, die Eigen- und Fremdkapitalgeber erhalten, diskontiert. Hierbei wird zwischen zwei Unterarten unterschieden. Zum einen werden als Diskontierungsfaktor die gewogenen durchschnittlichen Kapitalkosten (Weighted Average Costs of Capital – WACC), die sich aus den tatsächlich gezahlten Fremd kapitalkosten und den Renditeerwartungen der Unternehmenseigner zusammensetzen (WACC Approach), herangezogen. Die Renditeerwartungen der Eigentümer werden auf Basis des CAPM geschätzt. Zum anderen wird auch als Bruttoansatz die Adjusted Present Value Methode (Methode des angepassten Barwerts) angewendet, die den Unternehmenswert in verschiedene Komponenten teilt. Als dritte Variante gibt es den Equity-Approach, der lediglich die Einzahlungen an die Eigentümer betrachtet.

Im Folgenden wird allein auf den WACC-approach im Entity-Approach abgestellt, der auch in der Praxis am weitesten verbreitet ist. Dieser resultiert direkt aus den obigen theoretischen Überlegungen. Die Grundformel dieser Methodik ist:

$$Wert = \sum_{t=1}^{T} \frac{Cash-flow_t}{\left(1+WACC\right)^t} - FK$$

Die verfügbaren Cash flows des Unternehmens werden mit den WACC auf ihren Gegenwartswert diskontiert. Die Cash flows verstehen sich dabei als eine Größe vor Zinsen, da die Kapitalgeber gleich behandelt werden sollen, unabhängig davon, ob sie Eigen- oder Fremdkapital zur Verfügung stellen.

Das DCF Verfahren ist gemäß IDW Standard 1 „Grundsätze zur Durchführung von Unternehmensbewertungen" als Bewertungsmethode vom Berufsstand der Wirtschaftsprüfer anerkannt. Insbesondere die amerikanische Praxis wendet dieses Verfahren an. Durch amerikanische Unternehmensberatungsgesellschaften und Investmentbanken hat sich das DCF Verfahren zum „state of the art" in Deutschland entwickelt.

Die Anwendung auf kleine und mittlere Unternehmen, die nicht an der Börse notiert sind, ist aber umstritten (vgl. Behringer 2012, S. 165 f.). Neben allgemeinen Überlegungen, die die Validität des CAPM als nicht gesichert einschätzen (vgl. Fama und French 2004, S. 35 ff.) und den grundlegenden Erwägungen, dass ein Gleichgewichtsmodell insbesondere für Fallgestaltungen ungeeignet erscheint, bei denen es um Käufe und Verkäufe von Unternehmen geht (vgl. Matschke und Brösel 2013, S. 39 f.), gibt es spezifische, die besondere Situation von nicht-börsennotierten Unternehmen betreffende Kritikpunkte. So fehlt die Datenbasis für die Berechnung des Beta-Faktors, wie sie bei börsennotierten Unternehmen sehr wohl vorhanden ist. Des Weiteren gelten bestimmte Prämissen der Finanzierungstheorie bei kleinen und mittleren Unternehmen nicht. Investoren in diese Unternehmen haben selten ein wohl-diversifiziertes Portfolio sondern haben ihr gesamtes Vermögen inklusive des Humankapitals in ihrem Unternehmen gebunden. Die Reaktionszeiten auf Renditeänderungen sind aufgrund dessen deutlich größer als bei einzelnen Aktien. Kein Handwerker wird seinem angestammtes Metier aufgeben und in ein anderes zu wechseln, weil die Renditen zeitweise nicht seinen Erwartungen entsprechen.

5.3   Die historische Entwicklung zum DCF-Verfahren

5.3.1   Portfolio Selction

Basis der Kapitalmarkttheorie ist die Portfolio Selection. Hinter der Theorie der Portfolio Selection steht die Idee, dass die Risiken durch Diversifikation – also bewusste Anlage in verschiedene Arten von Investments – reduzieren lassen. Die Idee ist intuitiv einleuchtend und findet sich auch schon weit vor seiner formalen Ausgestaltung, z. B. in Shakespeares „Kaufmann von Venedig" (vgl. Markowitz 1999, S. 5). Antonio sagt in dieser Szene (Shakespeare 1986, 1. Akt, Szene 1):

> Glaubt mir, das nicht; ich dank es meinem Glück:
> Mein Vorschuß ist nicht einem Schiff vertraut,
> Noch einem Ort; noch hängt mein ganz Vermögen
> Am Glücke dieses gegenwärtigen Jahrs;
> Deswegen macht mein Handel mich nicht traurig.

Harry Markowitz formalisierte diese einleuchtende und eigentlich simple Idee und verhalt ihr mit seinem einflussreichen Aufsatz „Portfolio Selection", der 1952 im Journal of Finance erschien, zum Durchbruch in Theorie und Praxis. Miller geht so weit, diesen Aufsatz als den „big bang" der Finanzwirtschaft zu bezeichnen (Miller 1999, S. 96). Markowitz befasste sich eigentlich mit Fragen der Linearen Optimierung in seinem Studium an der University of Chicago. Während er auf einen Termin bei seinem Doktorvater wartete, begann er ein Gespräch mit einem Börsenhändler, der im selben Wartezimmer saß. Dieser drängte ihn dazu, die Lineare Optimierung auf Fragen der Börse und des Aktienmarktes anzuwenden. Sein Doktorvater war in dem folgenden Termin ebenfalls begeistert von dieser Idee, gab aber zu, dass er aufgrund mangelnden Wissens über die Börse nicht in der Lage sein werde, die Betreuung der Arbeit fortzusetzen. Er schickte seinen Studenten zum Dekan der Business School. Dieser gab Markowitz den Rat das Buch „The Theory of Investment Value" von Williams (1938) zu lesen. Williams war ein Praktiker, der in den 20er-Jahren als Börsenhändler arbeitete. Nach dem Börsenkrach und der darauffolgenden Weltwirtschaftskrise wurde er Teil der akademischen Welt. Das empfohlene Buch war

seine Dissertation, in der er das Wissen seiner Zeit zu Investitionen am Aktienmarkt weiterentwickelte (Bernstein 1996, S. 249 ff.). Markowitz fand in diesem Buch den Zusammenhang zwischen Risiko und Rendite. Etwas, was heute Stoff jeder Grundvorlesung in
Finanzwirtschaft ist, damals aber nur intuitiv und nicht formal Teil der Lehre war. Für ihn
ergab sich aus der Lektüre von Williams' Buch die Idee für seine weitere theoretische
Arbeit (Markowitz 1991). Williams beschreibt auch schon sehr deutlich die Möglichkeit,
dass Risiken „wegdiversifiziert" werden können und ein Risikozuschlag damit seine Relevanz verliert (Williams 1938, S. 66):

> The customary way to find the value of a risky security has been to add a „premium for risk"
> to the pure rate of interest, and then use the sum as the interest rate for discounting future
> receipts.

Später nimmt er diese Logik wieder auf (Williams 1938, S. 69):

> Strictly speaking, however, there is no risk in buying the bond in question if its price is right.
> Given adequate diversification, gains on such purchases will offset losses, and a return at the
> pure interest rate will be obtained. Thus the net risk turns out to be nil.

Als 25jähriger veröffentlichte Markowitz den bahnbrechenden Artikel. Er charakteri-
sierte dabei die Rendite, die ein Investment künftig bringt, als erwünscht durch den Investor. Unerwünscht ist aber die Varianz dieser Rendite, die die Unsicherheit ausdrückt, mit
der das gewünschte Renditeziel erreicht wird. Die Idee seiner Theorie ist, dass durch verschiedene Wertpapiere mit unterschiedlichen Risiken das Gesamtrisiko eines Portfolios
zurückgeht. Ein Portfolio bezeichnet dabei eine Menge von Wertpapieren. Der Begriff
geht auf das französische Portefeuille zurück, was zwei Bedeutungen haben kann: Zum
einen der Geschäftsbereich eines Ministers oder zum anderen eine Tasche oder ein anderes
Behältnis, was der Aufbewahrung von Wertpapieren dient (Hahn 2006, S. 215). Damit
kommt gut zum Ausdruck, was die Portfolio-Theorie bezweckt: Eine Optimierung der
Zusammenstellung der Wertpapiere im Behältnis. Sie sollen so beschaffen sein, dass sie
bei gegebenem Risiko die maximale Rendite erzielt bzw. bei gegebener Rendite das Risiko minimiert wird. Formal kann man dies beschreiben durch die gewichteten Durch-
schnitte der erwarteten Renditen der Wertpapiere und die Varianzen der Renditen aller
Wertpapiere und der Kovarianzen zwischen den Wertpapieren im Portfolio. Portfolios, die
nicht die maximale Rendite bei gegebenen Risiko erzielen, sind ineffizient. Die Idee ist die
finanzierungstheoretische Variante von „Das Ganze ist mehr als die Summe seiner Teile"
(Rubinstein 2006, S. 102). Durch die Diversifikation wird das Risiko reduziert, die Rendite des Portfolios bleibt aber gleich. Die Investmententscheidung muss nicht nur einbe-
ziehen, welche Rendite und welches Risiko von einem Wertpapier erwartet wird. Es muss
auch berücksichtigt werden, welche anderen Wertpapiere man plant zu kaufen. Mit der
Verwendung von statistischen Maßen eröffneten sich zudem erhebliche Möglichkeiten,
mit mathematischen Mitteln neue Erkenntnisse zu gewinnen.

Markowitz selbst verweist darauf, dass sehr ähnliche Gedanken 1952 auch von Roy (1952) veröffentlicht worden sind. Markowitz Vermutung, dass nur er selbst den Nobelpreis verliehen bekommen hat, und Roy nicht bedacht worden ist, liegt darin begründet, dass er selbst weiter auf dem Gebiet der Finanzierungstheorie aktiv war und weitere Bücher und Aufsätze veröffentlicht hat während Roy nach seinem Artikel nicht mehr weiter in diesem Bereich gearbeitet hat (Markowitz 1999, S. 5 f.).

Die Idee der Portfolio Selection und dem Zusammenhang zwischen Risiko und Rendite, wie sie Markowitz 1952 in seinem kurzen (14 Seiten) und aufgrund der Fülle von mathematischen Gleichungen nur schwer lesbaren Aufsatz und seinem 1959 erschienen gleichnamigen Buch beschrieben hat, sind die Grundlagen der gesamten modernen Finanzierungstheorie. Kritisch wird insbesondere betrachtet, ob die Varianz das richtige Maß für Risiko ist. Die Varianz drückt die Schwankungen um den Erwartungswert aus – technisch die Volatilität. Allerdings ist die Volatilität an sich aussagelos, so lange man sich nicht mit der Konsequenz auseinandersetzt. Volatilität ist nur dann schädlich, wenn am Ende beispielsweise der Rentner nicht das Geld im Alter zur Verfügung hat, mit dem er geplant hat (Bernstein 1996, S. 261).

Im Übrigen lehnte der spätere Nobelpreisträger Milton Friedman nach Markowitz eigenen Aussagen die Annahme der Dissertation an der Fakultät in Chicago ab, da er diese als nicht ökonomisch genug für eine volkswirtschaftliche Fakultät ansah (Miller 1999, S. 97). Man kann daran erkennen, dass wissenschaftlicher Fortschritt nicht immer dann erkannt wird, wenn er entsteht.

5.3.2   Das Modigliani-Miller Theorem

Der Wesensunterschied zwischen DCF Verfahren und Ertragswertverfahren ist im Kapitalisierungszinssatz begründet. Das Ertragswertverfahren ermittelt den Zinsfuß individuell, aufbauend auf der optimalen Alternativrendite, die ein Investor erzielen kann. Das DCF Verfahren bedient sich hingegen des Kapitalmarkts, mithin von Elementen die durch Marktpreise bestimmt werden. Das DCF Verfahren ist daher eingebettet in die vielfältigen Theorien des Kapitalmarkts.

Eine der wesentlichen Pfeiler des DCF Verfahrens ist das Modigliani Miller Theorem, dass die Unabhängigkeit des Wertes von der Kapitalstruktur beschreibt. Es handelt sich bei diesem Theorem um eine Weiterentwicklung der Fisher-Separation, die die Trennbarkeit von Investitions- und Konsumentscheidung erklärt (Rubinstein 2006, S. 122).

Modigliani wurde in Italien geboren und verließ das Land unter Mussolini, da er sowohl jüdischen Glaubens war als sich auch in der antifaschistischen Bewegung engagierte. Miller schlug von Anfang an eine akademische Karriere ein. Beide trafen sich am Carnegie Institute of Technology, wo sie Anfang der 50er-Jahre des vergangenen Jahrhunderts beide Professuren innehatten. Miller beschrieb die Kernaussage des Irrelevanztheorems in einem illustrierten Beispiel wie folgt (Miller 1991, S. 269):

Think of the firm as a gigantic tub of whole milk. The farmer can sell the whole milk as it is. Or he can separate out the cream, and sell it at a considerably higher price than the whole milk would bring. (Selling cream is the analog of a firm selling debt securities, which pay a contractual return.) But, of course, what the farmer would have left would be skim milk, with low butter-fat content, and that would sell for much less than whole milk. (Skim milk corresponds to the levered equity.) The Modigliani-Miller proposition says that if there were no cost of separation (and, of course, no government dairy support program), the cream plus the skim milk would bring the same price as the whole milk.

Nach der Bekanntgabe der Verleihung des Nobelpreises an Miller im Jahr 1990 formulierte der Wissenschaftler seine Erkenntnisse noch prägnanter. Auf die Frage, wie er Fernsehzuschauern die Aussage seines Modells erklären würde, sagte er Veränderungen der Kapitalstruktur führten zu „more pieces, but not more pizza" (Drukarczyk 1996, S. 129). Es ist egal, wie sich das Unternehmen finanziert: Ob mit Fremd- oder Eigenkapital, am Ende summieren sich die Werte der einzelnen Finanztitel immer zum gleichen Unternehmensgesamtwert. Solange die Cashflows des Unternehmens nicht durch die Kapitalstruktur verändert werden, gibt es keine Auswirkungen auf den Unternehmenswert. Allerdings gibt es in der Praxis einen außerordentlich großen Effekt der gewählten Kapitalstruktur auf die Cashflows: Die steuerliche Belastung auf Fremdkapitalzinsen ist aufgrund der Abzugsfähigkeit von Zinszahlungen entscheidend anders als auf Dividenden, die aus versteuerten Gewinnen gezahlt werden. Modigliani und Miller (1963) haben selbst einen Ansatz dazu geliefert, was sich in diesem international üblichen Besteuerungsverfahren verändert: Je höher die Anteile an Fremdkapital sind, desto niedriger werden aufgrund der Abzugsfähigkeit von Zinsen, die Steuerbelastungen des Unternehmens. In der Folge erhöhen sich die Gewinne nach Steuern, was dazu führt, dass sich der Unternehmenswert durch Aufnahme von Fremdkapital erhöht. Zwingende Voraussetzung für das Funktionieren des Modells ist allerdings, dass der Soll- und der Habenzins identisch sind, ansonsten lassen sich Zahlungsströme nicht mit gleichen Kosten herstellen – unabhängig davon, ob sie sich aus Eigen- oder Fremdkapital speisen. In der Schlussfolgerung besteht der Unternehmenswert aus einem Unternehmenswert des unverschuldeten Unternehmens zuzüglich des Barwerts der Steuerersparnis (tax shield), der aus der steuerlichen Abzugsfähigkeit der Fremdkapitalzinsen resultiert. Eine Aufteilung des Unternehmenswertes, wie sie heute auch in der Praxis standardmäßig angewendet wird.

Die Erkenntnisse des Modells sind ähnlich auch von zahlreichen Vorgängern schon beschrieben worden. Williams (1938, S. 72 ff.) beschreibt bereits 20 Jahre vor dem Erscheinen des MM Theorems (so die gängige Bezeichnung im Bereich Corporate Finance) die gleichen Erkenntnisse (Rubinstein 2003). Dabei wird einer der Hauptkritikpunkte des Modigliani Miller Theorems bei den Erkenntnissen von Williams umgangen. Während die beiden neueren Autoren davon ausgehen, dass Unternehmen nicht in die Insolvenz rutschen können, findet sich diese Vereinfachung nicht in dem älteren Werk.

Williams entwickelt in seinem Buch auch eine Theorie zur Bewertung von Aktien. Danach bemisst sich der intrinsische Wert einer Aktie nach dem Barwert der künftigen Dividenden des Unternehmens. Diskontierungsfaktor ist ein individueller Zins. Williams widerspricht dem Gedanken, dass es eine kollektive Marktintelligenz gibt, die zum Unternehmenswert führen kann. Im Gegenteil Marktwerte sind nur dann relevant, wenn von der Meinung des Marktes als Ganzem die Rede ist (Williams 1938, S. 58 f.). Damit ist das Werk von Williams eines der ersten Publikationen auf dem Weg zum DCF Verfahren.

Auch Morton nimmt 1954 die Ideen des Modigliani-Miller Theorems vorweg. Er geht auch darauf ein, dass die Irrelevanz der Kapitalstruktur in der Realität dadurch ausgehebelt wird, dass Fremdkapitalzinsen steuerabzugsfähig sind, während Dividenden auf Eigenkapital aus versteuertem Gewinn bezahlt werden müssen (Morton 1954, S. 442). Modigliani und Miller sind also nicht die Erfinder des Modigliani-Miller Theorems.

Ein zweites Irrelevanztheorem (Miller und Modigliani 1961) haben die beiden Autoren über die Indifferenz zwischen Ausschüttung und Thesaurierung veröffentlicht. Ob das Unternehmen eine (aus Sicht der Eigentümer) zu hohe Ausschüttung tätigt oder eine zu niedrige, der Investor kommt jeweils auf den gleichen Wert. Ist die Dividende überhöht, so kauft der Investor damit neue Anteile an dem Unternehmen – der Wert seiner Investition bleibt damit im Vergleich zum Gesamtwert unverändert. Ist die Dividende zu niedrig, so verkauft der Investor Beteiligungstitel an dem Unternehmen, so dass auch hier der Gesamtwert gleichbleibt. Bei überhöhten Dividenden heute, kann das Unternehmen in der Zukunft nur geringere Dividenden ausschütten. Werden heute zu niedrige Dividenden ausgezahlt, reinvestiert das Unternehmen diese und kann damit künftig höhere Dividenden zahlen. Diese Erkenntnis ist für die Unternehmensbewertung – egal ob mit dem DCF Verfahren oder mit dem Ertragswertverfahren von großer Bedeutung: Die große Gefahr besteht darin, Zahlungsströme doppelt zu zählen. Wird Gewinn thesauriert, so darf man diesen Betrag nicht als Ausschüttung zählen. Ansonsten wird der thesaurierte Gewinn einmal heute als Ausschüttung und danach noch zusätzlich die mit dem investierten Betrag verdienten Gewinne gezählt. Es darf aber nur einmal gezählt werden. Dieser Gedanke findet sich bereits bei Bodenhorn (1959, S. 473 ff.).

Bedeutend sind die Irrelevanztheoreme von Modigliani und Miller insbesondere wegen ihrer Überlegungen zur Arbitrage: Vorteile wachsender Verschuldung oder Dividendenhöhe werden durch Arbitrageprozesse bis zur Nivellierung der Renditevorteile „weggeschwemmt" (Schneider 1987, S. 358). Wenn ein verschuldetes Unternehmen eine höhere Bewertung als ein unverschuldetes Unternehmen aufweist, lohnt es sich ein unverschuldetes Unternehmen zu kaufen und den Kaufpreis mit Krediten zu finanzieren. Damit kann sich ein Investor selbst den Leverage-Effekt verschaffen (homemade leverage, Behling 2018, S. 2650). Diese Überlegung ist Grundlage vieler weiterer Theorien, die das Bild der kapitalmarktorientierten Methoden der Unternehmensbewertung geprägt haben. Ob man deswegen die beiden Autoren als die Begründer der modernen Finanzierungstheorie bezeichnen kann (so Chew 1993) sei dahingestellt, dass sie einen wichtigen Beitrag geleistet haben ist allerdings unbestritten. Ein Akzeptanzproblem resultiert daraus, dass eine empirische Überprüfung nicht möglich ist. Die Irrelevanz der Kapitalstruktur bezieht sich auf zwei Unternehmen mit identischen Renditen. Diese sind de facto nicht zu finden, womit eine Überprüfung der Modellaussagen in der Realität nicht gelingen kann (Miller 1999, S. 99). Nichtsdestoweniger handelt es sich um eine der Marksteine der modernen Finanzierungstheorie, das auch als Grundlage für die gängigen Verfahren der Unternehmensbewertung dient.

5.3.3 Das Capital Asset Pricing Model

In der Wissenschaftsgeschichte gibt es viele Fälle, in denen von verschiedenen individuellen Wissenschaftlern zur gleichen Zeit das gleiche Modell entwickelt worden ist – ob mit oder ohne Wissen von den Aktivitäten der anderen Forscher. Ein Beispiel war die in diesem Buch in Kap. 1 thematisierte Entdeckung des Grenznutzens. Sehr viel berühmter ist der Streit zwischen Leibniz und Newton über die fast zeitgleiche Erfindung der Differenzialrechnung (vgl. Peiffer und Dahan-Dalmedico 1994, S. 211 ff.). Bei dem Capital Asset Pricing Model (CAPM) waren es sogar vier Forscher, die fast zeitgleich das gleiche Modell entwickelten, mit dem sich risikobehaftete Aktiva bewerten ließen: Jack Treynor (1999), William Sharpe (1964), John Lintner (1965a, b) und Jan Mossin (1966). Vereinfachend formuliert besagt das CAPM nichts anderes als dass die risikoadjustierten Erträge jeder risikobehafteten Anlage gleich sein müssen. Ansonsten würden sich durch Arbitrage (Wertpapiere mit zu hohen Erträgen würden gekauft, was den Kurs erhöhen würde; Aktiva mit zu niedrigen Erträgen würden verkauft, was den Kurs vermindern würde – beides führt zur Anpassung der relativen Erträge) die Kurse angleichen. Dadurch ergibt sich auf dem Kapitalmarkt immer ein Gleichgewicht (Harrison 1998, S. 179).

Das Modell war in den 60er-Jahren auf der Tagesordnung der Forschung, da zum einen das Modell zur Portfolio Selection von Markowitz in der Umsetzung außerordentlich aufwändig war und eine Vereinfachung zur praktischen Handhabbarkeit notwendig war. Im Markowitz Modell müssen die Kovarianzen aller Wertpapiere zueinander berechnet werden. Dadurch entsteht schnell eine kaum beherrschbare Menge an Berechnungen – insbesondere in einer Zeit, als Rechnerkapazitäten noch ein enorm knappes Gut waren. Zum anderen haben Modigliani und Miller in ihrer Theorie zwar den Zusammenhang zwischen der Kapitalstruktur, dem Unternehmenswert und der Rendite thematisiert. Allerdings fehlt eine Formel, wie man die Rendite ableitet. Aus diesen zwei Wurzeln speisten sich die Anstrengungen zur Entwicklung des CAPM (Sullivan 2006, S. 207).

Für die Unternehmensbewertung mit dem DCF Verfahren ist das CAPM insbesondere für die Bestimmung der Eigenkapitalkosten relevant. Der Beta-Faktor drückt das Risiko des Unternehmens aus. Er wird aus dem Kapitalmarkt abgeleitet ist also der Gegensatz zur individuellen Herangehensweise beim Ertragswertverfahren, wo der Risikozuschlag auf der persönlichen Risikopräferenz des Entscheidungsträgers beruht. Insofern wird beim DCF Verfahren das Risiko als objektives Merkmal des Unternehmens betrachtet.

Treynor (vgl. hierzu und dem Folgenden Sullivan 2006) veröffentlichte seine Version des Modells nie, dennoch scheint seine Arbeit, die erste Entwicklung des CAPM gewesen zu sein. Er wurde von der Arbeit Modiglianis und Millers inspiriert. Er machte seinen MBA in Harvard und befasste sich kurz nach Erscheinen mit dem Aufsatz von Modigliani und Miller. Seine Notizen fasste er in einem Aufsatz zusammen, den er „Market Value,

Time and Risk" betitelte. Diesen Aufsatz zeigte er als erstes John Lintner, einem anderen Harvard Absolventen, der später zum Mitbegründer des CAPM wurde. Treynors Arbeit fand seinen Weg zu Merton Miller und Franco Modigliani. Modigliani überzeugte den Mathematiker Treynor ein Studium in Ökonomie am Massachusetts Institute of Technology (MIT) aufzunehmen und dafür ein Sabbatical bei seinem Arbeitgeber der Unternehmensberatungsgesellschaft Arthur D. Little einzulegen. Modigliani brachte ihn zusammen mit William F. Sharpe. Er informierte beide, dass sie an einem ähnlichen Capital Asset Pricing Model arbeiten würden. Beide tauschten ihre Arbeiten aus. Treynor entschied sich, sein Modell nicht zu veröffentlichen (Sullivan 2006, S. 208):

I thought that if Sharpe was going to publish, what's the point of my publishing my paper?

Später zeigte er seinen Aufsatz auch noch Fisher Black, der später gemeinsam mit Myrton Scholes der Begründer der Black-Scholes Formel wurde, die die Bewertung von Optionen revolutionierte. Auch hier war der unveröffentlichte Aufsatz Inspiration für eine weitere später mit dem Nobelpreis ausgezeichnete Idee (Bernstein 1996, S. 311).

Sharpe war ein Schüler des Vaters der Portfolio Theorie Harry Markowitz. Beide arbeiteten für die RAND Corporation, einem amerikanischen Think Tank (RAND steht für Research and Development). Die RAND Corporation war die Heimat der Spieltheorie und der Quantifizierung von Entscheidungsvorbereitungen. Es wurden alle möglichen menschlichen Entscheidungen und Verhaltensweisen von RAND modelliert, dabei nutzten sie von Beginn an die sich immer erweiternden Möglichkeiten der Computertechnologie (Freedman 2013, S. 513 f.). Sharpe fragte Markowitz auf Anraten seines Doktorvaters Fred Weston nach einem Thema für seinen PhD – fast auf den Tag genau 10 Jahre nachdem Markowitz seine Erleuchtung bezüglich des grundlegenden Zusammenhangs zwischen Rendite und Risiko hatte (Markowitz 1999, S. 14). Der Vorschlag, dem Sharpe folgte, lautete: „Portfolio Analysis Based on a Simplified Model of the Relationships Among Securities". In diesem Werk entwickelt Sharpe die berühmte Wertpapierlinie, die den Zusammenhang zwischen Rendite und Risiko im Kapitalmarktgleichgewicht zum Ausdruck bringt. Sharpe bemühte sich darum, seine Erkenntnisse im Journal of Finance, einer der wichtigsten akademischen Zeitschriften auf dem Gebiet der Finanzwirtschaft, zu veröffentlichen. Aufgrund der Rigidität der Annahmen, sei das Modell uninteressant, äußerte einer der Gutachter, so dass der Aufsatz abgelehnt wurde. Erst nach einem Herausgeberwechsel erschien der Aufsatz.

Obwohl John Lintner den ersten Entwurf von Treynor kannte, scheint er seine Theorie autonom entwickelt zu haben. Auch Treynor selbst hat ihn niemals des Plagiats bezichtigt. Die Modelle von Sharpe und Lintner sind sehr ähnlich (Fama 1968), wobei Lintner einen größeren Wert auf die mathematische Beweisführung legt als dies bei Sharpe zu finden ist.

Der Norweger Mossin promovierte an der Carnegie Mellon Universität in Pittsburgh (USA). Noch bevor er seine Dissertation beendete, veröffentlichte er seinen Aufsatz in der wissenschaftlichen Zeitschrift Econometrica. Mossin zitiert im Übrigen den Aufsatz von Sharpe in einer nicht gerade sehr schmeichelhaften Weise (Mossin 1966, S. 769):

The paper by Sharpe gives a verbal-diagrammatical discussion of the determination of asset prices in quasi-dynamic terms. His general description of the character of the market is similar to the one presented here, however, and his main conclusions are certainly consistent with ours. But his lack of precision in the specification of equilibrium conditions leaves parts of his argument somewhat indefinite. The present paper may be seen as an attempt to clarify and make precise some of theses points.

Die außerordentliche Bedeutung, die das CAPM als theoretisches Modell aber auch in der praktischen Anwendung erhalten hat, führte 1990 zur Verleihung des Nobelpreises an William Sharpe (im Übrigen gemeinsam mit seinem Lehrer Harry Markowitz). Jan Mossin war 1987 und John Lintner 1983 verstorben. Da der Nobelpreis nicht posthum verliehen wird, wurde diesen beiden Forschern diese Ehre nicht zu Teil. Treynor hatte eine Fehlentscheidung getroffen als er sich gegen die Veröffentlichung seines Modells entschieden hatte. Damit konnte ihm die Ehre eines Nobelpreises nicht verliehen werden (Sullivan 2006, S. 209).

Zu beachten ist, dass im theoretischen Modell mit erwarteten Renditen gerechnet wird, in der Praxis der Unternehmensbewertung aber in den meisten Fällen mit vergangenheitsorientierten Renditen gearbeitet wird. Weiterhin ist zu beachten, dass die Marktdaten für börsennotierte Unternehmen beobachtbar sind. Problematisch wird die Berechnung bei nicht börsennotierten Unternehmen. So wird z. B. mit Analogiesätzen zwischen nicht-börsennotierten Unternehmen und börsennotierten Unternehmen der gleichen Branche gearbeitet. Zwar lassen sich so die Daten relativ leicht berechnen, allerdings ist die tatsächliche Vergleichbarkeit problematisch. Das CAPM ist als Kapitalmarkttheorie konzipiert, weswegen es fraglich ist, ob dieses Modell überhaupt eine Relevanz für nicht kapitalmarktnotierte Unternehmen hat (vgl. Behringer 2012, S. 141 ff.). Aber selbst für kapitalmarktnotierte Unternehmen steht die empirische Evidenz des CAPM in Frage. Eine empirische Studie von Fama und French ergab, dass die Korrelation zwischen Beta und der durchschnittlichen Rendite für die Jahre 1941 bis 1990 am amerikanischen Aktienmarkt schwach und für die Zeit zwischen 1963 und 1990 so gut wie nicht existiert (vgl. Fama und French 1992). Methodisch wird sogar in Frage gestellt, ob das CAPM überhaupt zu testen ist (Roll 1977). Das Hauptargument hängt an der Effizienz des Marktportfolios, das die Voraussetzung für alle anderen Aussagen des CAPMs ist. Das Marktportfolio besteht aber in der Theorie aus allen risikobehafteten Aktiva, wozu auch Investitionen in Kunstgegenstände, alte Autos oder Bildung zählen. Dies ist praktisch nicht nachzubilden und damit ist keine der Aussagen des CAPM richtig testbar. Die methodische Kritik selbst hat Roll in seinem Aufsatz polemisch zusammengefasst (Roll 1977):

The purpose of this paper is to eliminate the scepticism. (No relief is offered for the consternation).

Insgesamt kann man daher, was das CAPM betrifft der Warnung von Fama und French nur zustimmen (Fama und French 2004, S. 44):

…we also warn students, that despite its seductive simplicity, the CAPM's empirical problems probably invalidate its use in applications.

Allerdings sollte man auch den Satz von Miller berücksichtigen, der die praktische Bedeutung des CAPM, die es unzweifelhaft hat, deutlich unterstreicht (Miller 1999, S. 98):

The aim of science is to explain a lot with a little, and few models in finance or economics do so more dramatically than the CAPM.

5.3.4 Zusammenführung der Theorien im DCF Verfahren

Im englischsprachigen Raum ist die Bewertung mit dem DCF Verfahren der Bewertungsstandard. Dies wird zum einen durch den breiten Raum gezeigt, die die Diskussion dieses Bewertungsverfahrens in allen gängigen Lehrbüchern der Finanzierung einnimmt. Zum anderen verwenden die meisten Investmentbanken und Wirtschaftsprüfungsgesellschaften, die zumeist ihre Wurzeln in den USA haben, dieses Verfahren (Rutterford 2004, S. 138).

Wie in Deutschland auch gab es in den USA und Großbritannien zahlreiche Autoren, die aus dem Bereich der Ingenieurwissenschaften oder der Forstwirtschaft barwertbasierte Bewertungskalküle verwendeten. Insbesondere der Ökonom Irving Fisher, den wir schon als Begründer der Fisher-Separation als Voraussetzung des Ertragswertverfahrens (Kap. 4) kennengelernt haben, befasste sich mit Barwertkalkülen und versuchte mit Hilfe von Bewertungsverfahren die steigenden Preise auf den Aktienmärkten der 20er-Jahre zu erklären. Fisher (1867–1947) war ein amerikanischer Ökonom, der in Yale auf dem Gebiet der mathematischen Ökonomie promovierte. Die Yale University verlieh ihm den ersten ökonomischen Doktortitel. So wurde Fisher einer der Wegbereiter der mathematischen Methoden in den Wirtschaftswissenschaften. Neben seiner Tätigkeit als Ökonom engagierte er sich in Gesundheitsfragen und schrieb Bücher auf diesem Gebiet. Er propagierte das Joggen und lehnte den Verzehr von rohem Fleisch ab. Außerdem engagierte er sich für die Einführung der Eugenik und war erster Präsident der amerikanischen Gesellschaft für Eugenik. Daneben propagierte er auch andere problematische Methoden und Ansichten aus dem Bereich der Gesundheit. Außerdem ist Fisher der Erfinder der Rotationskartei für Visitenkarten. Sein Vermögen verlor er in der Börsenkrise 1929. Berühmt geworden ist seine Aussage wenige Tage vor dem Schwarzen Freitag, an dem die Börsenkurse abstürzten: „Stock prices have reached what looks like a permanently high plateau." Damit war Fisher einer der Beispiele dafür, dass wissenschaftliche Expertise keine Garantie für gute Anlageempfehlungen ist. Zu den Bewertungen von Aktienanlagen führte er aus (Fisher 1930, S. XXII):

Since every stock price represents a discounted value of the future dividends and earnings of that stock, there are four reasons that may justify a rise in the price level of stocks:

1. Because the earnings are continually plowed-back into business instead of being declared in dividends, this plowing-back resulting in an accumulation at compound interest so to speak;
2. Because the expected earnings will increase on account of technical progress within the industry;
3. Because less risk is believed to attach to those earnings than formerly
4. Because the basis by which the disounting has been made is lowered.

In der Praxis wurden einfache Bewertungsmodelle mit durchschnittlichen Gewinnen der Vergangenheit angewendet, die die kaufmännische Kapitalisierungsformel verwendeten.

Einer derjenigen, der die Herangehensweise zumindest milde in Frage stellte war der ungarisch-amerikanische Ökonom Preinreich, auf den auch das in Deutschland als Lücke-Theorem bekannte Prinzip, dass unter bestimmten Voraussetzungen Aufwendungen und Erträge äquivalent zu Kosten und Leistungen sind (Preinreich 1937), zurückgeht. Er schrieb zu Bewertungen (Preinreich 1932, S. 274):

> The time-honoured method of appraising a security through the simple process of dividing the annual earnings by the desired rate of return leads to an acceptable result only in the case of a bond or a share of stock in a corporation which has reached the limit of expansion.

Diese Aussage spricht sich klar für eine Prognose der zukünftigen Erträge aus. Eine reine Fortschreibung der in der Vergangenheit erzielten Erfolge ist nicht zielführend, sofern das Unternehmen nicht stabil ohne weiteres Wachstum fortgeführt wird. Preinreich ist der Auffassung, dass die „earnings power" (Preinreich 1935, S. v) den Wert eines Unternehmens bestimmt, also die Möglichkeiten, die ein Unternehmen hat, in der Zukunft Erträge zu erzielen. In der Folgezeit wurden Modelle entwickelt, die sich mit Wachstumsraten von Unternehmen befassten, beispielsweise das heute immer noch bedeutende Gordon Wachstumsmodell (Gordon 1962). Trotzdem wurde immer noch weitgehend mit Multiplikatoren des Gewinns gerechnet. Erst mit dem Aufkommen des CAPM in den 60er-Jahren vereinfachte sich die Berechnung, da man risikoadäquate Zinssätze ermitteln konnte. So wurde die Bewertung mit dem DCF Verfahren populär und bedeutender als die vorher verwendeten Multiplikator-gestützten Bewertungsverfahren (Rutterford 2004, S. 141).

Daten vom Kapitalmarkt werden als objektiv angesehen und gelten nach der Efficient Market Hypothesis als bester Schätzer für die Zukunftsaussichten eines Unternehmens bzw. eines Wertpapiers. Der Markt gilt als guter Informationsverarbeiter. Damit bekommen die vom Kapitalmarkt bezogenen Daten eine besondere Autorität für die Bewertung. Sie schätzen nach Ansicht vieler die tatsächliche Situation besser ein, als die Schätzungen von Experten. Die Idee wurde von Eugene Fama ausformuliert und systematisiert (Fama 1970). Er definiert hierin den effizienten Markt wie folgt (Fama 1970):

> A market in which prices always „fully reflect" available information is called „efficient"

Die Idee ist allerdings – wie so viele vorgeblich moderne Erkenntnisse der Wirtschaftswissenschaften – schon wesentlich älter (Sewell 2011). So findet sich in dem Buch The

Stock Markets of London, Paris and New York von Gibson aus dem Jahr 1889 die folgende Einschätzung (Gibson 1889):

> Shares become publicly known in an open market, the value which they acquire may be regarded as the judgement of the best intelligence concerning them.

Auch wenn in der Zwischenzeit viel empirische Arbeit getan wurde, eine ganze Reihe von Widersprüchen zur Informationseffizienz der Kapitalmärkte gefunden wurde und diese wiederum nicht bestätigt wurden, ist die Idee, dass Märkte Informationen hervorragend verarbeiten sehr anziehend. Es objektiviert die Unternehmenswerte. Damit steigert sich die Akzeptanz für die Bewertungsmethoden, die mit Kapitalmarktdaten arbeiten ungemein.

Dahinter steckt die Idee, dass Unternehmenswerte nicht subjektiv sind, sondern vom Markt objektiv bestimmt werden. Sehr eindrücklich wird diese These von Damodaran vertreten. Er ist Professor für Finanzierung an der New Yorker Stern School of Business. Er ist ein viel zitierter und als Vortragender populärer „Guru" (Quill 2016, S. 87) der Unternehmensbewertung. Er schrieb (Damodaran 2012, S. 1):

> There are those who are disingenuous enough to argue that value is in the eye of the beholder, and that any price can be justified if there are other investors willing to pay that price. That is patently absurd.

Diese klare Ablehnung der Subjektivität von Unternehmenswerten ist verlockend. Jedoch hat die lange Auseinandersetzung mit der Unternehmensbewertung immer wieder gezeigt, dass die Verlockungen des objektiven Wertes zwar anziehend, aber wenig zielführend sind.

5.3.5 Der Weg des DCF Verfahrens in den deutschsprachigen Raum

Traditionell ist in Deutschland das Ertragswertverfahren der herrschende Standard gewesen. Dabei muss betont werden, dass die Bezeichnung Ertragswert nicht ganz eindeutig ist. Entscheidungsrelevant sind die Zahlungsströme, die zwischen Unternehmen und Investor fließen. Für den Eigner sind diese Einzahlungen, für das Unternehmen Auszahlungen. Insofern ist der Begriff „Ertragswert" missverständlich. In der theoretisch korrekten Ausgestaltung werden Zahlungen und nicht Erträge betrachtet (Beck 1996, S. 86). Der Unterschied zwischen den beiden Verfahren liegt in der Diskontierung mit kapitalmarktbasierten Daten bzw. individuellen Risikoneigungen.

In den 80er-Jahren begann das DCF Verfahren mit seinem Siegeszug in den USA. Die Umsetzung der etwas früher entwickelten neuen Kapitalmarkttheorie mit den fundamentalen Erkenntnissen von Markowitz, dann von Modigliani und Miller sowie dem CAPM als Basis wurden in das praktisch handhabbare Bewertungskalkül integriert. In Deutschland war die Initialzündung die Veröffentlichung des Buches Shareholder Value (Rappaport

1999), das 1986 in den USA erschien. Bereits 5 Jahre vorher hatte Rappaport den Begriff in einem Aufsatz in der Harvard Business Review kreiert (Rappaport 1981). Shareholder Value bezeichnet ein Management, das auf die Maximierung des Unternehmenswertes für die Eigenkapitalgeber abzielt. Damit verliert die Unternehmensbewertung ihren Charakter als außerordentliches Instrument für Sonderanlässe wie den Kauf oder Verkauf eines Unternehmens und wird zum Instrument der kontinuierlichen Unternehmensführung. Auch der Gedanke des Shareholder Values ist nicht neu. So formuliert der deutsche Betriebswirt Rieger (Rieger 1966, S. 44):

> Die Unternehmung ist eine Veranstaltung zur Erzielung von Geldeinkommen – hier Gewinn genannt – durch Betätigung im Wirtschaftsleben. Wenn wir also von einem Zweck der Unternehmung reden, so kann es nur dieser sein, Gewinn zu erzielen, und zwar für den Unternehmer.

Die Gewinnmaximierung aus Sicht des Eigentümers findet sich schon in dieser ursprünglich 1928 erschienen Schrift. Der Gedanke des Shareholder Values wird von Rieger fast vollständig vorweggenommen (Bühner 2002, S. 282). Auch andere Autoren, von denen viele aus der Beraterbranche stammen, haben sich an Methoden der wertorientierten Unternehmensführung versucht und dazu beigetragen, dass sich diese Methoden als „state of the art" über den Globus verteilt haben. Zu nennen ist das Buch „Valuation" von den McKinsey Beratern Copeland, Koller und Murrin, das 1993 in der ersten Auflage erschienen ist (Copeland et al. 2002). Außerdem ist der EVA-Ansatz zu nennen, der von der Unternehmensberatung Stern Stewart popularisiert wurde (Stern et al. 1995).

Die Verwendung der DCF Verfahren im wertorientierten Controlling widerspricht eigentlich den Auswirkungen der Modellwelt der Kapitalmarkttheorie. Eine Aussage der Verfechter des wertorientierten Controllings ist die Frage, ob man eine Unternehmenssparte behalten oder verkaufen soll – z. B. da der Wert dieses Unternehmensteils bei einem anderen Eigentümer größer wäre. Dies widerspricht aber dem Marktgleichgewicht – hier lohnt sich eine Veränderung der Eigentumsverhältnisse gerade nicht (Schildbach 2017, S. 265). Dies gilt auch für die Prüfung verschiedener Strategien mit Hilfe der Bewertungsmethoden: Allein durch diese Fragestellung wird deutlich, dass verschiedene unternehmerische Initiativen ergriffen werden können, die unterschiedliche Auswirkungen auf den Unternehmenswert haben (Schildbach 2017, S. 266).

In dem modernen Ansatz wird eine kontinuierliche Bewertung mit Hilfe von DCF Verfahren gefordert, um die Eigentümerorientierung zu demonstrieren. Viele prominente börsennotierte Unternehmen übernahmen den Shareholder Value Gedanken für ihre Strategie. Über amerikanische Business Schools, in denen auch der deutsche Managementnachwuchs ausgebildet wurde, amerikanischstämmige Unternehmensberatungsgesellschaften, die ihren Beratungsansatz weltweit angeboten haben, und amerikanische Investoren, die Shareholder Value explizit auch von ihren deutschen Investments einforderten verbreitete sich das DCF Verfahren zügig auch in den deutschsprachigen Raum. Ein besonderer Katalysator waren dabei auch grenzüberschreitende Unternehmenstransaktionen (Nestler und Kupke 2003, S. 163).

Inkonsistent mit dem Ziel des Shareholder Value Modells ist dabei aber die Rechentechnik mit dem DCF Verfahren: Durch die Verwendung der gewichteten Kapitalkosten wird immer im ersten Schritt ein Unternehmensgesamtwert berechnet, der sich auf Eigen- und Fremdkapitalgeber bezieht. Relevant für das Shareholder Value ist allerdings nur der Wert für die Eigenkapitalgeber (Schneider 2001b, S. 2513). Die Differenzbildung, die am Ende einer jeden Bewertung mit dem DCF Verfahren stehen muss, bei der vom Unternehmensgesamtwert der (Markt-)wert des Fremdkapitals abgezogen wird, ist komplizierter als es scheint. Der Marktwert des Fremdkapitals ist in der Regel nicht ermittelbar.

Empirische Untersuchungen zeigen die steigende Verbreitung des DCF Verfahrens. 1993 gaben 33 % an, das DCF Verfahren anzuwenden während 39 % Ertragswertverfahren verwendeten (Peemöller et al. 1994, S. 741 ff.). 1997 gaben dann in einer ähnlichen Befragung 52 % das DCF Verfahren an, während nur noch 21 % das Ertragswertverfahren anwendeten (Pellens et al. 1997, S. 1934 ff.).

Die IDW Verlautbarungen erlaubten bis zum Jahr 2000 grundsätzlich nur das Ertragswertverfahren. Erst mit der Überarbeitung im Jahr 2000, in dem aus der Stellungnahme HFA (Hauptfachausschuss) der IDW Standard 1 wurde, wurde auch das Discounted Cash Flow Verfahren anerkannt (IDW 2000). Mit diesem Schritt wurde die Verbreitung noch weiter vorangetrieben.

5.4   Der neue Streit um objektive und subjektive Werte

In Kap. 1 dieses Buches ist dargestellt worden, dass der Streit um objektive oder subjektive Bewertungen lange Zeit die ökonomische Diskussion geprägt hat. In der deutschen Tradition ist dieses Problem aufbauend auf den Erkenntnissen der Grenznutzenschule weitgehend gelöst gewesen. In der angelsächsischen kapitalmarktorientierten Tradition dahingegen ist der Subjektbezug von Unternehmenswerten nicht oder nur wenig rezipiert worden (Olbrich 2000, S. 458 f.). Dies liegt auch darin begründet, dass Börsen anonymisiert funktionieren – die Bewertung kommt über den Markt zustande, die Informationen werden aggregiert im Börsenkurs bzw. den anderen Daten, die zur Bewertung verwendet werden, wie das Volatilitätsmaß Beta-Faktor.

Mit den hier diskutierten DCF Verfahren sind wieder die Gedanken an objektive Werte in die Unternehmensbewertungslehre eingezogen. Dabei muss man diese – wie auch das eigentlich überkommene Konstrukt der objektiven Wertlehre kritisch betrachten. Dabei kann man zwar auf die Prämissen der Modelle (vollkommener Kapitalmarkt, Informationseffizienz) abstellen. Diese Kritikpunkte lassen sich aber fast deckungsgleich gegen die investitionstheoretisch fundierten Modelle vorbringen, da sie auf den gleichen bzw. sehr ähnlichen Prämissen basieren. Sehr viel schwerwiegender ist, dass das CAPM ein Gleichgewichtsmodell ist. Befindet sich ein Markt im Gleichgewicht, so bedeutet dies den Zustand der Markträumung. Angebot und Nachfrage sind ausgeglichen, es kommt zu keinen weiteren Transaktionen. Auf so einem Markt werden auch keine Unternehmen verkauft. Allerdings ist der Bewertungsanlass Kauf bzw. Verkauf von großer Bedeutung für die

Unternehmensbewertung. Zudem entspricht der Wert, also der Grenzpreis, bei dem die Transaktion gerade noch lohnt, genau dem Preis für das Unternehmen. Käufer und Verkäufer vollziehen in einer solchen Situation lediglich einen Tausch, ohne dass sie daraus einen finanziellen Vorteil ziehen (Brösel 2003, S. 134). Es bleibt daher unklar, warum es überhaupt noch zu Unternehmenskäufen oder -verkäufen kommt. Aus diesem Grund wird den DCF Verfahren von der Theorie deutscher Provenienz hauptsächlich eine Rolle bei der Argumentationsfunktion der Unternehmensbewertung zugebilligt (Hering 1999, S. 108). Die Modellwelt des DCF Verfahrens lässt eigentlich nur noch einen möglichen Bewertungsanlass zu: die zwangsweise Enteignung eines Gesellschafters (Schildbach 2017, S. 262).

Allerdings ist die Objektivität dieser Verfahren nur vorgetäuscht. Ziel ist es explizit eine präferenzunabhängige, also objektive von den Vorstellungen von Individuen unabhängige Bewertung zu erreichen (Schneider 1998, S. 1497).

Die Diskussion zwischen den Verfechtern der traditionellen deutschen Sichtweise der Unternehmensbewertung und der angelsächsischen kapitalmarktorientierten Unternehmensbewertung kann im Kern zurückgeführt werden auf die klassische Diskussion über verschiedene Werttheorien (Quill 2016, S. 195). Die Vertreter der angelsächsischen Bewertungstheorie tun sich schwer mit den zwangsläufig entstehenden subjektiven Unterschieden in der Bewertung. Sowohl für den Theoretiker als auch für den Praktiker sind eindeutige, objektive Ergebnisse befriedigender bzw. leichter einem Adressaten eines Bewertungsgutachtens erklärbar. Das Unbehagen an der deutschen Herangehensweise lässt sich dadurch erklären, dass es in der „modernen" Bewertung darum gehe, „das Ermessen des Bewerters durch die „Objektivität" des Marktes auszuschalten" (Böcking und Nowak 2000, S. 21 f.). Hier liegt eine argumentative Verführung vor, die Schneider wie folgt umschreibt (Schneider 1998, S. 1475):

> Hätte Odysseus, statt in fernen Meeren zu segeln, Unternehmensrechnung praktiziert, die Sirenen hätten ihn anzulocken versucht mit: Marktwerte verkörpern in einer auf Wettbewerb gerichteten Wirtschaftsordnung eine von allen Marktteilnehmern akzeptierte Bewertung.

5.5 Marktwertorientierte Bewertung mit Multiplikatoren

Im DCF Verfahren finden sich bereits vielfältige Ansätze, die marktorientierte Elemente in die Bewertung integrieren. Die Multiplikatorverfahren übernehmen vollends die marktorientierte Sicht. Ziel der Bewertung ist ausdrücklich nicht mehr, einen Unternehmenswert zu ermitteln, sondern direkt einen Preis. Dieser wird bestimmt durch die Anwendung eines Multiplikators, der auf dem Markt für Unternehmen gewonnen wird, auf eine betriebswirtschaftliche Kennzahl wie Umsatz oder Gewinn. In den meisten Werttheorien wird die Unterscheidung zwischen Wert und Preis betont. Das Unterfangen Preise analytisch zu ermitteln, ist theoretisch unmöglich. Möglich wäre es nur, wenn zwei Gegenstände exakt die gleichen Eigenschaften hätten. Dann greift das „Law of one Price", das besagt, dass zwei identische Gegenstände auf dem gleichen freien Markt im gleichen Zeitpunkt den gleichen Preis haben müssen (vgl. Jevons 1871, S. 91). Die Identität kann jedoch bei komplexen Gesamtheiten von materiellen und immateriellen Gegenständen nicht gegeben sein, jedes Unternehmen ist ein Unikat (vgl. Peemöller et al. 2002, S. 199). Damit ergibt sich, dass die analytische Ermittlung von Preisen „eine Anmaßung von Wissen ist" (von Hayek 1973, S. 12). Preise drücken die weit verstreuten Informationen, die die verschiedenen Marktteilnehmer haben, in einer einzigen Zahl – dem Preis – aus. Der Preis stellt damit alles dar, was der Konsument wissen muss (von Hayek 1945). Die Unmöglichkeit Preise zu ermitteln haben die Planwirtschaften in den Staaten mit kommunistischer Herrschaft gezeigt (Gutmann 1990, S. 177 ff.).

Die marktwertorientierten Verfahren haben trotzdem eine immense Bedeutung zur Bestimmung von realisierbaren Werten, gerade bei kleinen und mittleren Unternehmen. Ihnen kommt daher eine große Rolle in den Verhandlungen zur Kaufpreisfindung zu. Die Verhandlungsführer beider Seiten werden sich an den Multiplikatoren orientieren und werden ihren Verhandlungserfolg an einem Vergleich mit den veröffentlichten und bekannten Multiplikatoren messen.

Auch die Anwendung von Multiplikatoren auf Probleme der Unternehmensbewertung ist nicht neu. Beschreibungen dieser Verfahren gibt es schon seit Langem. Bezugsgröße war der Reinertrag (Schneider 2001a, b, S. 770), der entweder als langjähriger Durchschnitt gebildet wurde oder in Fällen, in denen dies nicht möglich ist, durch Sachverständige unter Berücksichtigung von zukünftigen Entwicklungen festgelegt wird (Schweder 1716, S. 187). Bei den zumeist landwirtschaftlichen Betrieben kann man davon ausgehen, dass die Schwankungen der Ertragslage geringer als heute waren (Henselmann 2015, S. 101). Im Ergebnis ergaben sich Berechnungen, bei denen ein 10-Jahres-Kauf dazu führte, dass der Reinertrag mit 10 multipliziert wurde bzw. ein 20-Jahres-Kauf zu einem Multiplikator des Reinertrags von 20 führte.

Heute wird vielfach von einer Renaissance der Multiplikatoren gesprochen. Allerdings gibt es dagegen auch viele Stimmen in Wissenschaft und Praxis, die sich klar gegen eine Anwendung von Multiplikatorverfahren wenden. Der IDW S 1 billigt den Multiplikatorverfahren folgerichtig auch nur eine Funktion bei der Plausibilisierung von Unternehmenswerten zu (IDW 2008, Tz. 13). Bei veröffentlichten Multiplikatoren muss man beachten, dass diese Werte schnell veralten, sie sind eben Marktwerte, die der Veränderung durch Angebot und Nachfrage unterliegen. Eine große Relevanz haben Multiplikatoren jedoch immer dann, wenn es darum geht zu bestimmen, wie hoch ein realisierbarer Marktwert sein könnte.

Marktwerte haben insbesondere die anglo-amerikanische Bewertung beherrscht. Die Arbeit mit Kennzahlen war in Großbritannien am weitesten verbreitet bis in die 60er-Jahre (Rutterford 2004, S. 117). Erst mit dem Aufkommen von mehr Rechnerkapazitäten konnten auch die komplexeren Cashflow basierten Verfahren angewendet werden und fanden Akzeptanz in der Praxis. In den USA waren in den 30er-Jahren, ein Multiplikator von 10, bezogen auf den Gewinn des Unternehmens, ein weithin üblicher Standard (Graham und Dodd 1934, S. 451). Für stabile Aktien wurde in den 50er-Jahren ein Maximum von 15 als Multiplikator aufgerufen (Dowrie und Fuller 1950, S. 514). Das sich heute die Multiplikatoren wieder einer größeren Beliebtheit erfreuen, lässt sich auch damit erklären.

Literatur

Ballwieser W (1995) Aktuelle Aspekte der Unternehmensbewertung. WPg 48:119–129

Ballwieser W (1998) Unternehmensbewertung mit Discounted Cash-flow Verfahren. WPg 51:81–92

Beck P (1996) Unternehmensbewertung bei Akquisitionen – Methoden – Anwendungen – Probleme. Springer, Wiesbaden

Behling K (2018) Plädoyer für eine geschäftsmodellorientierte Unternehmensbewertung. Modigliani/Miller zum 60. Jahrestag reloaded. Der Betrieb 71:2649–2653

Behringer S (2000) Börsenkurs als Bewertungsmaßstab bei der Abfindung von Minderheitsaktionären. Betrieb und Wirtschaft 54:463–467

Behringer S (2012) Unternehmensbewertung der Mittel- und Kleinbetriebe, 5. Aufl. Erich Schmidt, Berlin

Bernstein PL (1996) Against the gods. The remarkable story of risk. Wiley, New York

Böcking HJ, Nowak K (2000) Die Bedeutung des Börsenkurses bei Unternehmensbewertungen. Finanzbetrieb 2(1):17–24

Bodenhorn D (1959) On the problem of capital budgeting. J Financ 14:473–492

Breuer W (2012) Investition I. Entscheidungen bei Sicherheit. Springer, Wiesbaden

Brösel G (2003) Objektiv gibt es nur subjektive Unternehmenswerte. UM 1:130–134

Bühner R (2002) Der Shareholder Value im Spiegel traditioneller betriebswirtschaftlicher Bilanzansätze. In: Brockhoff K (Hrsg) Geschichte der Betriebswirtschaftslehre, 2. Aufl. Gabler, Wiesbaden

Cardano G (1961) The book on games and chance. Holt, Rinehart and Winston, New York

Chew DH Jr (1993) Introduction: financial innovation in the 1980s. In: Chew DH (Hrsg) The new corporate finance. McGraw-Hill, New York

Copeland T, Koller T, Murrin J (2002) Unternehmenswert. Campus, Frankfurt

Damodaran A (2012) Investment valuation, 3. Aufl. Wiley, Hoboken

Dowrie GW, Fuller DR (1950) Investments. Wiley, New York

Drukarczyk J (1996) Unternehmensbewertung. Vahlen, München

Fama EF (1968) Risk, return and equilibrium: some clarifying comments. J Financ 23:29–40

Fama EF (1970) Efficient capital markets: a review of theory and empirical work. J Financ 25:383–417

Fama EF, French KR (1992) The cross section of expected stock returns. J Financ 42:427–465

Fama EF, French KR (2004) The capital asset pricing model: theory and evidence. J Econ Perspect 18:25–46

Fisher I (1930) The stock market crash and after. Macmillan, New York

Freedman L (2013) Strategy. A history. Oxford University Press, Oxford

Funck HJ (1988) Börse. Markt der Märkte. Edition der Deutschen Bank, Frankfurt

Gibson G (1889) The stock markets of London, Paris and New York. G.P. Putnam's Son, New York

Gordon MS (1962) The investment, financing and valuation of the corporation. Homewood, Irwin

Graham B, Dodd DL (1934) Security analysis. McGraw Hill, New York

Grzebeta S (2014) Ethik und Ästhetik der Börse. Wilhelm Finck, Paderborn

Gutmann G (1990) Volkswirtschaftslehre. Eine ordnungstheoretische Einführung, 3. Aufl. W. Kohlhammer, Stuttgart

Hahn D (2006) Zweck und Entwicklung der Portfolio Konzepte in der strategischen Unternehmensplanung. In: Hahn D, Taylor B (Hrsg) Strategische Planung – Strategische Unternehmensführung, 9. Aufl. Springer, Berlin, S 215–248

Harrison P (1998) A history of an intellectual arbitrage.: the evolution of financial economics. In: Davis JB (Hrsg) New economics and its history. Duke University Press, Durham, S 172–189

von Hayek FA (1945) The use of knowledge in society. AER 35:519–530

von Hayek FA (1973) Die Anmaßung von Wissen. ORDO 26:12–21

Henselmann K (2015) Geschichte der Unternehmensbewertung. In: Peemöller VH (Hrsg) Praxis-handbuch der Unternehmensbewertung, 5. Aufl. nwb, Herne, S 95–128

Hering T (1999) Finanzwirtschaftliche Unternehmensbewertung. Springer, Wiesbaden

Hirshleifer J (1958) On the theory of optimal investment decision. J Polit Econ 66:329–352

IDW (2000) Grundsätze zur Durchführung von Unternehmensbewertungen (IDW S 1). WPg 2000:825–842

IDW (2008) IDW S 1: Grundsätze zur Durchführung von Unternehmensbewertung. IDW, Düsseldorf

Jevons S (1871) The theory of political economy. Macmillan, London

Krag J, Kasperzak R (2000) Grundzüge der Unternehmensbewertung. Vahlen, München

Lintner J (1965a) The valuation of risk assets and the selection of risky investments in stock portfo-lios and capital budgets. Rev Econ Stat 73:13–37

Lintner J (1965b) Security prices, risk and maximal gains from diversification. J Financ 20:587–615

Markowitz HM (1952) Portfolio selection. J Financ 7:77–91

Markowitz HM (1959) Portfolio selection. Efficient diversification of investments. Wiley, New York

Markowitz HM (1991) Foundations of portfolio theory, Les Prix Nobel 1990. Nobel Foundation, Stockholm

Markowitz HM (1999) The early history of portfolio theory. Financ Anal J 55(4):5–16

Matschke MJ, Brösel G (2013) Unternehmensbewertung, 3. Aufl. Springer Gabler, Berlin

Miles JA, Ezzel JR (1996) Reformulation tax shield valuation: a note. J Financ 51:1485–1492

Miller MH (1991) Financial innovations and market volatility. Blackwell, Cambridge

Miller MH (1999) The history of finance. J Portf Manag 25(Summer):95–101

Miller MH, Modigliani F (1961) Dividend policy, growth, and the valuation of shares. J Bus 34:411–433

Modigliani F, Miller MH (1958) The cost of capital, corporation finance, and the theory of invest-ment. AER 78:261–297

Modigliani F, Miller MH (1963) Corporate income taxes and the cost of capital: a correction. AER 53:433–443

Morton WA (1954) The structure of the capital market and the price of money. AER 44:440–454

Mossin J (1966) Equilibrium in a capital asset market. Econometrica 34:763–783

Nestler A, Kupke T (2003) Die Bewertung mit dem Discounted Cash Flow Verfahren. Betriebs-wirtsch Mandantenbetreu 6:163–170

Olbrich M (2000) Zur Bedeutung des Börsenkurses zur Bewertung von Unternehmungen und Unter-nehmensanteilen. BFuP 51:454–465

Peemöller VH, Bömelburg P, Denkmann A (1994) Unternehmensbewertung in Deutschland – Eine empirische Erhebung. Wirtschaftsprüfung 47:741–749

Peemöller VH, Meister JM, Beckmann C (2002) Der Multiplikationsansatz als eigenständiges Ver-fahren in der Unternehmensbewertung. FB 4:197–209

Peiffer J, Dahan-Dalmedico A (1994) Wege und Irrwege – Eine Geschichte der Mathematik. Sprin-ger, Basel

Pellens B, Rockholtz C, Stienemann M (1997) Marktwertorientiertes Konzerncontrolling in Deutsch-land–Eine empirische Untersuchung. Der Betrieb 50:1933–1939

Perridon L, Steiner M, Rathgeber AW (2017) Finanzwirtschaft der Unternehmung, 15. Aufl. Vahlen, München

Preinreich GAD (1932) Stock yields, stock dividends and inflation. Account Rev 7:273–289

Preinreich GAD (1935) The nature of dividends. Eigenverlag, New York

Preinreich GAD (1937) Valuation and amortization. Account Rev 12:209–226

Quill T (2016) Interessengeleitete Unternehmensbewertung. Springer, Wiesbaden

Rappaport A (1981) Selecting strategies that create shareholder value. HBR 59(3):136–139

Rappaport A (1999) Shareholder value. Schäffer-Poeschel, Stuttgart

Rieger W (1966) Einführung in die Privatwirtschaftslehre, 3.,unveränd Aufl. Palm & Enke, Erlangen

Roll R (1977) A critique of the asset pricing theory's tests – part I: on past and potential testability of the theory. J Financ Econ 4:129–176

Roy AD (1952) Safety first and the holding of assets. Econometrica 20:431–449

Rubinstein M (2003) Great moments in financial economics: II. Modigliani–Miller theorem. J Invest Manag 1(2):7–13

Rubinstein M (2006) A history of the theory of investments. My annotated bibliography. Wiley, New York

Rudolph B (2006) Unternehmensfinanzierung und Kapitalmarkt. Mohr Siebeck, Tübingen

Rutterford J (2004) From dividend yield to discounted cash flow: a history of UK and US equity valuation techniques. Account Bus Financ Hist 14:115–149

Schildbach T (2017) Der objektive Unternehmenswert: ein Phantom als moderne Hydra. BFuP 68:257–274

Schneider D (1987) Allgemeine Betriebswirtschaftslehre, 3. Aufl. Oldenbourg, München

Schneider D (1992) Investition, Finanzierung und Besteuerung, 7. Aufl. Gabler, Wiesbaden

Schneider D (1998) Marktwertorientierte Unternehmensrechnung: Pegasus mit Klumpfuß. Der Betrieb 51(30):1473–1478

Schneider D (2001a) Betriebswirtschaftslehre. Bd 4: Geschichte und Methoden der Wirtschaftswissenschaft. Oldenbourg, München

Schneider D (2001b) Oh EVA, EVA, schlimmes Weib: Zur Fragwürdigkeit einer Zielvorgabe-Kennzahl nach Steuern im Konzerncontrolling. Der Betrieb 54:2509–2514

Schweder CH (1716) Gründliche Nachricht von Gericht und außergerichtlicher Anschlagung der Güther nach dem jährlichen Abnutz. Johann Friedrich Kunckel, Leipzig

Sewell M (2011) History of the efficient market hypothesis. Research note, RN/11/04, UCL Department of Computer Science

Shakespeare W (1986) The Merchant of Venice/Der Kaufmann von Venedig, übersetzt von August Wilhelm Schlegel. Philip Reclam, Ditzigen

Sharpe WF (1964) Capital asset prices: a theory of market equilibrium under conditions of risk. J Financ 19:425–442

Smith EL (1925) Common stock as long term investments. Macmillan, New York

Stern JM, Stewart GB III, Chew DH (1995) The EVA® financial management system. J Appl Corp Financ 8(2):32–46

Sullivan EJ (2006) A brief history of the capital asset pricing model. APUBEF Proceedings Fall 2006, S 207–210

Treynor J (1999) Toward a theory of market value of risky assets. In: Korajczyk RA (Hrsg) Asset pricing and portfolio performance. Risk Books, London

Williams JB (1938) The theory of investment value. Harvard University Press, Cambridge, MA

Woeckener B (2010) Volkswirtschaftslehre. Springer, Berlin

Die Bewertung von Unternehmen im Rechnungswesen

6.1 Ermittlung von Fair Values nach IFRS

Mit der internationalen Rechnungslegung ist das Paradigma der „fair value Bewertung" nach Deutschland gekommen. Für die Konzernrechnungslegung von börsennotierten Unternehmen ist die Bewertung nach den International Financial Reporting Standards (IFRS) verpflichtend. Der Fair Value (fairer Wert, zumeist im Deutschen mit beizulegender Zeitwert übersetzt) wird in dem IFRS 13, der seit 2013 die bislang verstreuten Regelungen zur Bewertung mit dem Fair Value bündelt, folgendermaßen definiert (IFRS 13.9):

> … der Preis, der im Zuge eines Geschäftsvorfalls unter Marktteilnehmern am Bemessungsstichtag beim Verkauf eines Vermögenswerts erzielt würde oder bei Übertragung einer Schuld zu zahlen wäre.

Praktisch ergibt sich die Berechnung in einem hierarchischen Verfahren, das drei Stufen folgt:

Stufe 1: Tatsächliche Marktpreise, wie sie in aktiven Märkten für das zu bewertende Gut ermittelt werden.

Stufe 2: Auf der zweiten Stufe wird auf Preise von vergleichbaren Aktiva oder Schulden abgestellt, die an aktiven Märkten gehandelt werden bzw. Preise an inaktiven Märkten.

Stufe 3: Hier werden Faktoren einbezogen, die nicht direkt beobachtbar sind. Der Fair Value wird auf Basis aller verfügbaren Beobachtungen berechnet. Die Berechnung soll marktnah (mark-to-model) ermittelt werden z. B. mit dem DCF Verfahren.

Das hierarchische Vorgehen bedeutet, dass der Bilanzierende die jeweils höchstmögliche Stufe verwenden soll. Empirische Erhebungen zeigen, dass Marktpreise nur in sehr seltenen Fällen existieren (Stufe 1). Auch Stufe 2 Preise existieren nur in ausgewählten

© Springer Fachmedien Wiesbaden GmbH, ein Teil von Springer Nature 2020
S. Behringer, *Eine kurze Geschichte der Unternehmensbewertung*,
https://doi.org/10.1007/978-3-658-28703-0_6

Fällen (Barker und Schulte 2015, S. 208 ff.), wobei immer diskutabel ist, ob zwei Aktiva tatsächlich vergleichbar sind. Aus diesem Grund muss sehr häufig auf die analytischen Vergleichsverfahren zurückgegriffen werden.

Nach dem Prinzip der Gesamtbewertung, ist es notwendig, Synergien zu berücksichtigen, um die Assets richtig zu bewerten, da die IFRS die Bewertung im „best use" fordern. Synergien zeigen sich aber vollständig erst auf Ebene des Gesamtunternehmens. Theoretisch müsste man in einer richtigen bilanziellen Bewertung also zunächst das Unternehmen als Ganzes bewerten und anschließend diesen Gesamtwert wieder auf die einzelnen Vermögenswerte des Unternehmens verteilen (Schildbach 2017, S. 268 f.). Dies ist jedoch nicht leistbar, würde auch keinen Sinn machen (ebenda, S. 270).

Ähnlich wie bei der Diskussion um die objektive Unternehmensbewertung wird auch hier ein unmittelbar eingängiger und positiv besetzter Begriff verwendet: fair. Sowohl in den US-amerikanischen als auch in den internationalen Vorschriften lautet der Zweck der Rechnungslegung einen „true and fair view" zu erzielen (Chastney 1975). Dieser Begriff wird erstmals im Jahr 1844 mit Bezug zum Rechnungswesen in den britischen Rechnungslegungsgrundsätzen verwendet. In der internationalen Rechnungslegung wird auf die Generalklausel und den Begriff „fair" immer dann zurückgegriffen, wenn eine strikte Befolgung der Regeln, zu Missverständnissen führen könnte (Schildbach 2015, S. 22). Mit dem positiv besetzten Begriff „fair" schafft man es direkt, eine positive Belegung des „fair value" zu erreichen.

6.2   Die Bewertung von ganzen Unternehmen in der Rechnungslegung

Die Bilanzierung selbst könnte einen Unternehmenswert liefern, da in der Bilanzposition „Eigenkapital" das Reinvermögen des Unternehmens dargestellt wird. Dies müsste einen Hinweis auf den Unternehmenswert geben. Aufgrund der Grundsätze der Rechnungslegung (Vorsichtsprinzip, Vergangenheitsbezogenheit und Prinzip der Einzelbewertung) wird dies allerdings nicht der Fall sein. Der Gesetzgeber selbst geht davon aus, dass die Rechnungslegung kein geeignetes Instrument zur Gewinnung von Unternehmenswerten ist. So heißt es in der amerikanischen Norm SFAC 1: „… financial accounting is not designed to measure directly the value of an enterprise." Allerdings benötigt die Rechnungslegung die Unternehmensbewertung als Hilfswissenschaft, um Bilanzansätze für Beteiligungen zu berechnen.

Neben der Problematik einzelne Vermögensgegenstände in ihrem best use zu bewerten, entsteht auch die Notwendigkeit ganze Unternehmen zu bewerten. Das Erfordernis entsteht immer dann, wenn ein Unternehmen Eigentümer eines anderen Unternehmens ist. Nach § 271 Abs. 1 HGB sind Beteiligungen als Vermögensgegenstände des Finanzanlagevermögens mit den Anschaffungskosten gemäß § 253 Abs. 1 Satz 1 zu bewerten. Eine außerplanmäßige Abschreibung ist möglich, wenn am Bilanzstichtag der Beteiligung ein niedrigerer Wert beizulegen ist. Ist die Wertminderung voraussichtlich dauernd, muss die

Abschreibung durchgeführt werden. Im Konzernabschluss, der für börsennotierte Konzerne nach den IFRS durchgeführt werden muss, ergibt sich ein anderes Vorgehen. Hier ergibt sich automatisch eine Doppelzählung in der Summenbilanz, einem technischen Zwischenschritt bei der Erstellung des Konzernabschlusses: Zum einen ist der Beteiligungsbuchwert Teil der summierten Werte und zum anderen das Eigenkapital der Beteiligung selbst. Diese Doppelzählung muss eliminiert werden. Dies erfolgt in drei Schritten (Behringer 2018, S. 52 ff.):

1. Das Eigenkapital der Beteiligung wird mit dem Beteiligungsansatz der Mutter verrechnet. Da im Rechnungswesen des Unternehmens nicht alle Vermögensgegenstände enthalten sind, wird zumeist ein höherer Kaufpreis gezahlt, so dass noch ein Restbuchwert in der Position Beteiligungen stehenbleibt. Aufgrund der Fiktion, dass der Konzern wie ein Unternehmen agiert und entsprechend seine Rechnungslegung gestalten muss, darf die Position Beteiligungen im Konzernabschluss lediglich einen Wert von 0 aufweisen. Ansonsten wäre das Unternehmen Konzern an sich selbst beteiligt.
2. Um dies zu erreichen, werden im zweiten Schritt stille Reserven in der Bilanz der Beteiligung aufgedeckt. Dies sind zum einen Vermögensgegenstände, die bilanziert sind, deren Bewertung aber unter dem Marktwert liegen. Da der Erwerb nach der „purchase Methode" der Bilanzierung so fingiert wird, als ob das Unternehmen alle Vermögensgegenstände der Beteiligung einzeln erworben hat, lässt sich dies vor den Paradigmen der Rechnungslegung gut begründen. Dies gilt auch für die Bewertung von Vermögensgegenständen, die eigentlich nicht bilanziert werden dürfen, sofern sie selbsterstellt sind (Patente, Kundenstamm, Marken etc.). Diese sind durch den Erwerb der Beteiligung hier aber grundsätzlich entgeltlich erworben worden.
3. Verbleibt dann noch ein Restbetrag, so wird dieser als Goodwill oder Firmenwert bezeichnet. Nach den IFRS muss dieser jährlich auf seine Werthaltigkeit hin überprüft werden (sogenannter impairment test).

In dem Goodwill sind im Idealfall keinerlei stille Reserven mehr enthalten (vgl. Eisolt 1992, S. 250). Damit ergibt sich die Frage nach der Werthaltigkeit des Goodwills. Die Werthaltigkeit kann als unsicher und der Goodwill als „zweitklassiger Abschlussposten" (Küting 2000, S. 98) angesehen werden. In der Literatur wird der Goodwill auch als „Sorgenkind" (Moxter 1979, S. 1102) bezeichnet. In der englischsprachigen Literatur findet sich die Bezeichnung als „the most inatngible of the intangibles" (Boyd und McCarthy 2002, S. 10). In all diesen Bezeichnungen kommt die Skepsis zum Ausdruck, die mit diesem speziellen Vermögenswert verbunden wird. Im Resultat muss der Goodwill als rechnerische Differenz interpretiert werden, der zwischen dem Preis des Unternehmenskaufs (mit seinen psychologischen, taktischen und zukunftsbezogenen Komponenten, die den Kaufpreis bestimmt haben) und dem bilanziell festzusetzenden Wert technisch entsteht (vgl. Moxter 1998, S. 476). Für die Bilanzanalyse ist der Goodwill mithin als kritische Größe zu beurteilen, die aufgrund seiner Zukunftsbezogenheit unsicher ist oder aufgrund taktischer oder psychologischer Elemente sich einer objektiven Bilanzanalyse entzieht oder gar einen zu hohen Kaufpreis darstellt.

Der Goodwill muss jährlich zum Jahresabschluss einem Werthaltigkeitstest (impairment) unterzogen werden. Daneben muss anlassbezogen (bei sogenannten triggering events) eine Abschreibung vorgenommen werden. Die jährliche Überprüfung des verbleibenden Goodwills erfordert zwingend eine Unternehmensbewertung, um zu sehen, ob der Wert noch angemessen ist oder eine Abschreibung notwendig ist. Eine Zuschreibung ist nicht erlaubt. Die Diskussion in Theorie und Praxis über die Bilanzierung und Bewertung von Goodwills ist sehr bedeutend und wird mit steigender Intensität in Theorie und Praxis geführt. Dies hängt auch damit zusammen, dass die Position „Goodwill" – man erinnere sich an die Ausführungen zur betriebswirtschaftlichen Bedeutung weiter oben – inzwischen eine große ökonomische Bedeutung für viele Konzernbilanzen hat (EFRAG 2016). Der Standard Setter selbst hat erkannt, dass Goodwills nur selten abgeschrieben werden, da sich über Bewertungsgutachten und die damit verbundenen Handlungsspielräume immer genügend Möglichkeiten bestehen, den bilanzierten Wert eines Goodwills noch zu begründen. Die Gefahr liegt dabei in einer prozyklischen Wirkung: Wenn es den Unternehmen sowieso schon schlecht geht, kommt die Notwendigkeit von Goodwill Abschreibungen im Konzernabschluss noch hinzu. Dies führt zu erheblichen Ergebnisauswirkungen in Jahren mit sowieso schon schlechten operativen Ergebnissen. Aus diesen Gründen werden auch derzeit wieder viele Reformvorschläge diskutiert, um dieses schwierige Thema der Konzernrechnungslegung zu verbessern (Mehnert und Rupertus 2018, S. 162 ff.).

Dabei kommen die wesentlichen Kritikpunkte an der Goodwill Bilanzierung und dem Impairment only approach nicht aus der theoretischen Grundkonzeption. Diese wird der planmäßigen Abschreibung, wie sie in Deutschland vor der Anwendung der IFRS üblich war, häufig als überlegen angesehen (Böcking et al. 2015, S. 320). Vielmehr wird die praktische Anwendung der Methode kritisiert. Empirische Untersuchungen zeigen zum einen, dass die Informationen über Goodwill-Abwertungen als wertrelevant angesehen werden, da die Börsenkurse signifikant fallen, wenn eine Abschreibung vorgenommen wird. Allerdings zeigen sich auch Effekte, die darauf hindeuten, dass Unternehmen ihre Ermessensspielräume ausnutzen, z. B. zeitlich vorgelagerte Kursverluste, was auf eine too-little, too late Problematik hindeuten könnte (also zu geringe Abschreibungen, die noch dazu zeitlich zu spät vorgenommen werden).

Auch wenn heute die Bewertung von Aktiva mit fair values als modern angesehen wird und die Verwendung von historischen Anschaffungskosten mit planmäßigen Abschreibungen überholt und nicht mehr auf dem neuesten Stand erscheint, haben sich hier doch die Ansichten in der Geschichte immer wieder verändert: Mal waren Marktwerte oder Fair Values modern, mal waren es historische Kosten, wie die folgenden Ausführungen zeigen werden.

6.3   Der Wandel der Regulierungen

Die Regulierung der Rechnungslegung ist niemals ohne Bezug auf politische und wirtschaftliche Ereignisse im großen Kontext zu verstehen. Häufig sind es Unternehmensskandale oder ökonomische Krisen mit vielen Geschädigten, die dazu führen, dass sich

Regulierungen ändern. So hat der Fall des Zündholzkönigs Ivar Kreuger, der mit seinen Zündholzmonopolen, die er im Tausch gegen Kredite an die vom 1. Weltkrieg finanziell darniederliegenden europäischen Staaten zugeteilt bekam, erhebliche Umwälzungen für Unternehmen mit sich gebracht (Partnoy 2009). In der Folge des Kreuger Skandals wurden zahlreiche Maßnahmen ergriffen: Die Gründung der amerikanischen Securities and Exchange Commission (SEC) als Börsenaufsicht, die Pflichtprüfung durch unabhängige Wirtschaftsprüfer für an der New York Stock Exchange notierte Unternehmen, der Beginn der Vereinheitlichung von Rechnungslegungsstandards, Aktionäre bekamen das Recht, Unternehmen wegen Betrugs zu verklagen etc. (Gray et al. 2007, S. 872 f.). Mangelnde Transparenz hat den Zusammenbruch und damit den Vermögensverlust vieler Menschen leicht gemacht. Die Regierung hat mit Regulierung reagiert; die Anleger reagierten mit Skepsis, die auch anderen Unternehmen zu freiwilliger Transparenz brachte. Compliance wurde wichtiger, der Rückzug auf Geschäftsgeheimnisse war nicht mehr möglich. Eines seiner Fehlverhalten war es, niedrigere Buchwerte auf höhere Marktwerte anzupassen, was ohne externe Kontrolle durch Wirtschaftsprüfer vergleichsweise leicht möglich war.

Dadurch, dass die Rechnungslegung zumeist nur ein Thema nach einer Rezession oder nach einer Krise ist, gibt es die Tendenz immer mehr zu regulieren (Wagenhofer 2011). Nur nach solchen Phasen ist die Aufmerksamkeit der Öffentlichkeit so groß, dass sich auch die Politik dem spröden und wenig populären Thema Rechnungswesen annimmt, mit dem man sonst nur bei den wenigen Experten für sich selbst öffentliche Aufmerksamkeit erregen kann.

Gerade die Frage der Bewertung von Aktiva mit Marktwerten (fair values) oder historischen Anschaffungs- und Herstellungskosten, ist angetan hier diskutiert zu werden. Die Wirkungen im Boom sind dann immens, wenn die Zuschreibung möglich ist – im Boom steigen die Marktpreise, alleine dadurch gewinnt das Unternehmen an Vermögen. In der Krise ist der Effekt umgekehrt: Die Marktpreise sinken. In die Krise hinein muss das Unternehmen seine Wertansätze vermindern. Galoppierende Inflation führt ebenfalls zu steigenden Wertansätzen. Fair Value Accounting ist also gut im Aufschwung und in der Inflation. Es ist schlecht und wirkt krisenverschärfend im Abschwung. Nicht verwunderlich ist daher, dass sich die Regulierungen hier schwankend entwickelt haben und zwischen den beiden Paradigmen hin- und herentwickelt haben.

Möglicherweise die ersten handelsrechtlichen Regulierungen stammen aus dem Spanien der Zeit Ferdinands und Isabellas von Kastilien im 15. Jahrhundert. Es gab die Verpflichtung Bücher zu führen, um eine Art Umsatzsteuer zu belegen. Diese Regeln wurden im 16. Jahrhundert verfeinert durch die Verpflichtung zur doppelten Buchführung mit einem Haupt- und mehreren Nebenbüchern (Yamey 1997, S. 19). Bewertungsregeln mit speziellen Anweisungen zur Bewertung von einzelnen Kategorien von Aktiva sind jedoch deutlich jünger. Präskriptive genaue Vorgaben, wie sie heute insbesondere in den internationalen Rechnungslegungsstandards üblich sind, waren nicht üblich. International wurde insbesondere mit Generalklauseln in den Regulierungen gearbeitet, nachdem die Rechnungslegung die tatsächlichen Geschäftsverhältnisse abbilden sollte (Georgiou und Jack 2011, S. 314).

6.4   Ein Streifzug durch die Geschichte des Fair Values in Deutschland

Die Regulierung der Bewertung war immer umstritten. Abb. 6.1 gibt einen Überblick über die wichtigsten Entwicklungen in Deutschland, die im folgenden Kapitel aufgenommen werden.

6.4.1   Die Frühgeschichte bis zum Ersten Weltkrieg

Eines der ersten Kaufmannsbücher wurde von Henricus Grammateus verfasst. Er schrieb in seinem Buch, dass die Warenbestände zu ihren Einkaufspreisen zu bewerten seien (Hoffmann und Detzen 2013, S. 369). In der frühen Neuzeit war der Gedanke der Bewertung mit Anschaffungs- und Herstellungskosten verbreitet – sowohl für die Warenbestände des Umlaufvermögens als auch für das Anlagevermögen (Ter Vehn1929, S. 165 ff.).

Eines der ersten Länder, in denen die Regeln der Kaufleute gesetzlich kodifiziert wurde, war Frankreich. Im Jahr 1673 wurde der Ordonnance de Commerce (Handelsordnung) erlassen, der wesentlich von dem Politiker, Wissenschaftler und Geschäftsmann Jacques Savary entwickelt worden ist, so dass er landläufig auch den Namen Code Savary erhielt. Savary – nicht unähnlich zu manchem deutschen Wissenschaftler – veröffentlichte daraufhin auch noch den maßgeblichen Kommentar zu den Ordonnance. Außerdem war Savary als Gutachter tätig und fungierte als Schiedsrichter in Handelssachen. In den Ordonnance wurde die Pflicht zur Buchhaltung für alle Kaufleute geregelt. Auch gab es Regeln ein Inventar zu halten (Howard 1932). Die Gesetzgebung selbst enthielt aber keine Regeln dazu, wie die Bewertung des Inventars stattfinden sollte. In seinem Kommentar „Le Parfait Negociant" (Deutsch: Der vollkommene Kauf- und Handelsmann), zum selbst geschriebenen Gesetz, äußert sich Savary aber ausführlich: Er plädiert klar für den Ansatz von historischen Anschaffungskosten. Damit entfällt die Gefahr, dass sich ein Kaufmann reich rechnet (Savary 1678), allein dadurch, dass sich die Vorräte im Wert erhöht haben. Die Strafen, die für Kaufleute verhängt werden konnten, waren drakonisch. Ludwig XIV., der Sonnenkönig, in dessen Herrschaftszeit der Erlass fiel, bestimmte die Todesstrafe für diejenigen Gewerbetreibenden, die im Konkursfall keine ordnungsgemäß geführten Handelsbücher vorweisen konnten (Moxter 1976, S. 27).

1807 wurde der Ordonnance de Commerce ersetzt durch den Code de Commerce. Napoleon erließ dieses neue Gesetzeswerk, da er die Verlässlichkeit der Kaufmannschaft bemängelte. Er beklagte auch, dass die Handelsbücher nicht ordnungsgemäß geführt worden und die öffentliche Moral noch zu nachsichtig gegenüber diesen Vergehen sei. Ein Hinweis darauf, dass die drakonischen Strafen nicht in dem Maße durchgesetzt worden sind, wie es die markigen Ankündigungen erwarten ließen (Moxter 1976, S. 28). Napoleons Gesetzeswerk entfaltete direkte Wirkung auf die deutschen Gebiete, die von Napoleon annektiert waren. Außerdem wurde das Gesetzeswerk Vorbild für zahlreiche Handelsgesetze auf dem Kontinent, z. B. in Belgien, Griechenland, Italien, den Niederlanden

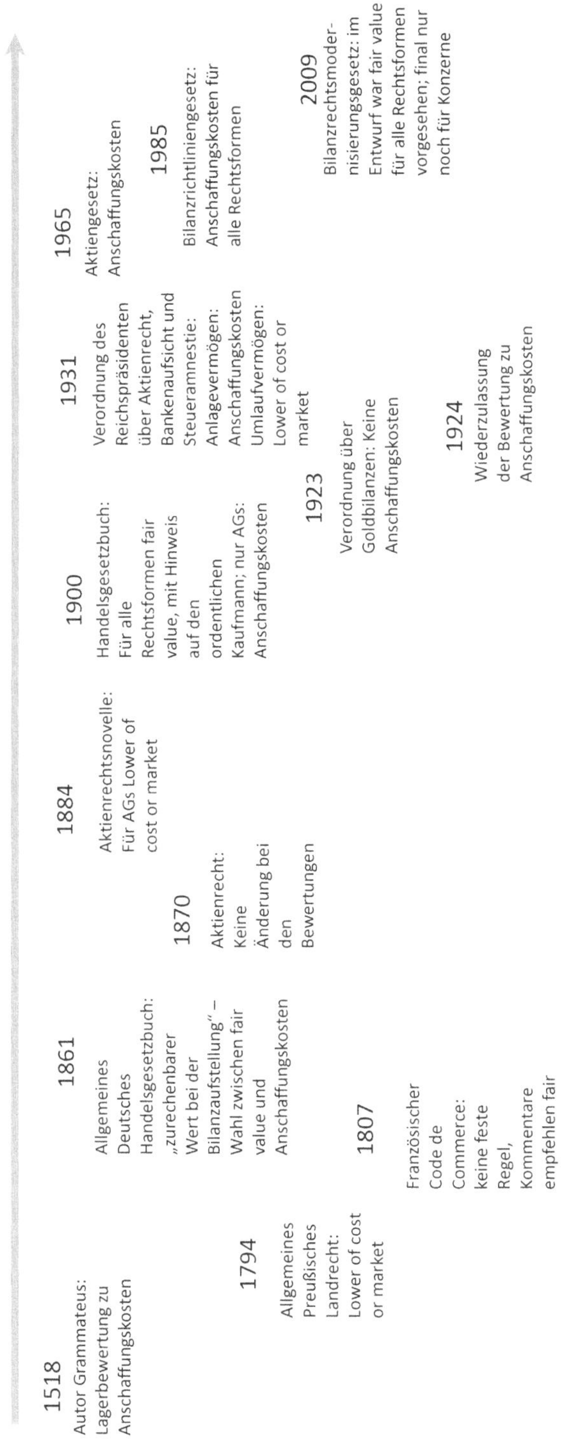

1518
Autor Grammateus:
Lagerbewertung zu
Anschaffungskosten

1794
Allgemeines
Preußisches
Landrecht:
Lower of cost
or market

1807
Französischer
Code de
Commerce:
keine feste
Regel,
Kommentare
empfehlen fair
value

1861
Allgemeines
Deutsches
Handelsgesetzbuch:
„zurechenbarer
Wert bei der
Bilanzaufstellung" –
Wahl zwischen fair
value und
Anschaffungskosten

1870
Aktienrecht:
Keine
Änderung bei
den
Bewertungen

1884
Aktienrechtsnovelle:
Für AGs Lower of
cost or market

1900
Handelsgesetzbuch:
Für alle
Rechtsformen fair
value, mit Hinweis
auf den
ordentlichen
Kaufmann; nur AGs:
Anschaffungskosten

1923
Verordnung über
Goldbilanzen: Keine
Anschaffungskosten

1924
Wiederzulassung
der Bewertung zu
Anschaffungskosten

1931
Verordnung des
Reichspräsidenten
über Aktienrecht,
Bankenaufsicht und
Steueramnestie:
Anlagevermögen:
Anschaffungskosten
Umlaufvermögen:
Lower of cost or
market

1965
Aktiengesetz:
Anschaffungskosten

1985
Bilanzrichtliniengesetz:
Anschaffungskosten für
alle Rechtsformen

2009
Bilanzrechtsmoder-
nisierungsgesetz: im
Entwurf war fair value
für alle Rechtsformen
vorgesehen; final nur
noch für Konzerne

Abb. 6.1 Entwicklung der Bewertungsregeln in Deutschland

und Spanien (Simon 1899, S. 38). In Deutschland blieb der Code de Commerce auch nach den Napoleonischen Kriegen beispielsweise in den Staaten Baden, Rheinhessen und Rheinpfalz in Kraft (Hoffmann und Detzen 2013, S. 370). Auch in dem Code de Commerce gab es keine Regeln zur Bewertung von Vermögensgegenständen. In dem Kommentar von de la Porte (1808, S. 122), gibt es aber den Hinweis, dass zu Marktwerten zu bilanzieren sei und die Bewegungen der Marktpreise durch Ab- und Zuschreibungen zu berücksichtigen sind.

Mit der Gründung des Deutschen Zollvereins 1834 gab es erste Bemühungen, auch in Deutschland ein einheitliches Handelsgesetzbuch einzuführen. Die Bemühungen des Königreichs Württemberg waren aber zunächst nicht erfolgreich. Als Regel für die Bewertung von Vermögensgegenständen war die Regel „lower of cost or market" also das Niederstwertprinzip – nimm den niedrigeren von Anschaffungskosten oder Marktwert – vorgesehen (Hoffmann und Detzen 2013, S. 372).

Erst im Deutschen Bund, dem Staatenbund, der nach der erfolglosen deutschen Revolution von 1848 gegründet wurde, kamen die Bemühungen zum Erfolg. Ab 1857 tagte in Nürnberg eine Kommission, die das neue Gesetzeswerk vorbereitete. Das Allgemeine Deutsche Handelsgesetzbuch (ADHGB) trat am 31. Mai 1861 in Kraft. In Art. 31 Satz 1 ADHGB fanden sich die Bestimmungen zur Bewertung:

> Bei der Aufnahme des Inventars und der Bilanz sind sämtliche Vermögensstücke und Forderungen nach dem Werthe anzusetzen, welcher ihnen zur Zeit der Aufnahme beizulegen ist.

Die Gerichte und Kommentare verstanden diese Regel so, dass die Marktwerte anzusetzen seien, die bei einer potenziellen Zerschlagung erlöst werden können. Von liquidationsbedingten Sondereffekten sollte allerdings abgesehen werden (Berndt 1998, S. 90 ff.). Im Kommentar von Anschütz und Völderndorff wird dies wie folgt erläutert (Anschütz und von Völderndorff 1867, S. 241):

> … es sind daher, wenn eine richtige Bilanz gezogen werden soll, die Vermögensbestandteile so anzuschlagen, wie die selben zu der gegebenen Zeit sofort zu Geld gemacht werden könnten.

Da im Zuge der Industrialisierung immer mehr Aktiengesellschaften gegründet wurden, sah sich der Norddeutsche Bund kurz vor der Reichsgründung gezwungen das Recht der Aktiengesellschaften zu reformieren. Dazu wurde 1870 das Gesetz, betreffend die Kommanditgesellschaften auf Aktien und die Aktiengesellschaften in Kraft gesetzt. Danach konnten Aktiengesellschaften ohne staatliche Aufsicht gegründet werden. In der Bewertung gab es eine Klarstellung: Wertpapiere durften nur noch maximal mit dem Marktwert am Bilanzstichtag bewertet werden. Anlass für diese Klarstellung waren Fälle, in denen es aufgrund überbewerteter Wertpapiere in den Büchern zu Dividendenausschüttungen gekommen war, die die Unternehmen in die Insolvenz trieben (Hoffmann und Detzen 2013, S. 374).

Mit dem Sieg im deutsch-französischen Krieg flossen erhebliche Reparationszahlungen nach Deutschland. Es kam zu einem Boom, in dem insbesondere eine große Zahl von Aktiengesellschaften gegründet wurde. Ein Großteil der gerade neu gegründeten Aktiengesellschaften kam in der Gründerkrise ab 1873 in Schwierigkeiten. Insbesondere von modernen Autoren wurden die wenig vorhandenen Regularien zur Bewertung für die vielen Konkurse verantwortlich gemacht (z. B. Schneider 2001, S. 921 f.). Als Konsequenz wurden die Regeln für Aktiengesellschaften nach der Gründerkrise verschärft. Dies betraf auch die Bewertungsregeln, die sich für Aktiengesellschaften änderten und sich im neuen Art. 185a ADHGB fanden. In diesem Artikel wurde die Regel des Art. 31 teilweise außer Kraft gesetzt: Die Aufwertung von Aktiva über den historischen Anschaffungspreis hinaus wurde verboten (Haaker und Velte 2014, S. 2) für Anlage- und Umlaufvermögen. Wertpapiere und Güter, für die ein Marktpreis existiert, dürfen nicht höher als ihr Marktpreis bzw. sofern dieser höher ist als die Anschaffungskosten, nur zu diesen Anschaffungskosten bewertet werden. Für alle anderen Vermögensgegenstände galt die Regel, dass sie nicht höher als ihre Anschaffungskosten zu bewerten seien. Für alle Maschinen und Anlagen müssen Abschreibungen, die die Abnutzung durch Gebrauch reflektieren von den Anschaffungskosten abgezogen werden (Strobel 1998, S. 37 ff.). Als Konsequenz der Krise, die auch durch kriminelle Energie verstärkt wurde, wechselte der Gesetzgeber also zu einer sehr konservativen Leitlinie, die die deutsche Rechnungslegung bis zur Internationalisierung der jüngsten Zeit prägte. Die besondere Aufmerksamkeit, die das langfristige Anlagevermögen bekommen hat, lässt sich damit erklären, dass insbesondere Eisenbahnen bei der Gruppe von Aktiengesellschaften waren, die sich durch Überbewertungen in die Krise brachten und einen Schaden am volkswirtschaftlichen Wohlstand mit sich brachten. Die Vermögensgegenstände von Eisenbahnen zeichnen sich insbesondere durch ihre Langfristigkeit aus.

1900 wurde das Handelsgesetzbuch erlassen, zeitgleich mit dem Bürgerlichen Gesetzbuch (BGB, Schmidt 1999, S. 45). An der Zweiteilung Handelsrecht und Bürgerliches Recht gab es viel Kritik (Schmoeckel und Maetschke 2016, S. 103 f.), die nach und nach aber zurückging. Die Regeln zur Bewertung blieben fast unverändert: Unternehmen hatten die Vermögensgegenstände nach dem beizulegenden Zeitwert zu bewerten, mussten jährlich eine Bilanz aufstellen und zweijährlich eine Inventur durchführen (Penndorf 1966, S. 239 ff.). Allerdings ergab sich eine wesentliche Veränderung durch den Rückgriff auf die Grundsätze ordnungsgemäßer Buchführung (GoB). Guter Kaufmannsbrauch sollte Maßstab für die Bewertung sein. Dies hatte auch den Vorteil, dass teilweise lebensfremde Forderungen von Juristen nicht mehr Leitlinie der Bewertung sein mussten (Seicht 1982, S. 10). Außerdem wurde die Regulierung flexibler. Neue Entwicklungen, die zu neuen Praktiken der Kaufmannschaft führten, mussten nicht erst vom Gesetzgeber kodifiziert werden. Die GoB speisten sich direkt aus der kaufmännischen Praxis.

6.4.2   Bewertung in Zeiten der Krise: Die Zeit bis zur Gründung der Bundesrepublik Deutschland

Die Weimarer Republik, die erste deutsche Republik, litt unter enormen Krisen politischer und ökonomischer Art. Ein besonderes Problem war die Hyperinflation, die im Jahr 1923 kulminierte. Hohe Inflation führt dazu, dass Preise nicht mehr als Knappheitsindikator taugen. Auch im Rechnungswesen der Unternehmen geht die Aussagekraft von Jahresabschlüssen verloren. Durch eine Inflation verändern sich gravierend die realwirtschaftlichen Rahmenbedingungen, innerhalb derer sich ein Unternehmen bewegen muss. Die Wirtschaftssubjekte verlieren ihr Vertrauen in die Währung, tauschen es in harte Währungen um oder erwerben Tauschgüter. Das Nennwertprinzip, welches Grundlage des Vertragswesens ist (1 € entspricht immer 1 €, Kaufkraftverlust, also Minderungen im Substanzwert des Geldes z. B. bei der zukünftigen Begleichung von Schulden, wird nicht berücksichtigt, vgl. Luttermann 2008, S. 196) kann nicht mehr realisiert werden.

In dieser Situation liefert das Rechnungswesen, das auf dem Nominalwertprinzip beruht, keine verlässlichen Daten mehr. Vielmehr werden Scheingewinne ausgewiesen, die dazu führen können, dass das Unternehmen seine Substanz nicht mehr erhalten kann. Dies sei an einem Beispiel erläutert (vgl. Hoffjan 2009, S. 82): Ein Handelsunternehmen hat eine Handelsware im Januar zu einem Preis von 100 Geldeinheiten erworben, im März wird es für 150 Geldeinheiten an einen Kunden verkauft. In der Gewinn- und Verlustrechnung wird ein Gewinn (vor Steuern) von 50 Geldeinheiten ausgewiesen. Hat sich der Wiederbeschaffungspreis für die Handelsware inzwischen aber inflationsbedingt auf 130 Geldeinheiten erhöht, sinkt der Realgewinn auf 20 Geldeinheiten, die anderen 30 Geldeinheiten kann man als Scheingewinn klassifizieren. Wenn die Erhöhungen des Beschaffungspreises nicht durch regelmäßige Erhöhungen des Absatzpreises kompensiert werden können, so kann ein Substanzverlust des Unternehmens entstehen, der im Rechnungswesen nicht deutlich wird: Liegt der Absatzpreis im Beispiel bei 120 Geldeinheiten, so wird im Rechnungswesen nominal ein Gewinn von 20 Geldeinheiten ausgewiesen. Tatsächlich erwirtschaftet das Unternehmen nicht genügend liquide Mittel, um die Handelsware wiederzubeschaffen: Real ist ein Verlust von 10 Geldeinheiten eingetreten. Um die Geschäftstätigkeit fortsetzen zu können und eine neue Handelsware zu beschaffen, muss das Unternehmen die Substanz angreifen oder Geld am Kapitalmarkt aufnehmen. Verschärft wird dieses Problem dadurch, dass auch während eines gegebenen Zahlungsziels ein Wertverlust der Forderung eintritt. Der nominale Betrag der Forderung ist am Tag der Begleichung durch den Schuldner real weniger wert. Deswegen müssen Zahlungsziele in Ländern mit hoher Inflation so kurz wie möglich gewählt werden. Verschärfend wirkt auch, dass die Scheingewinne besteuert werden. In dem ursprünglichen Beispiel war ein nominaler Gewinn von 50 Geldeinheiten entstanden. Wird dieser mit beispielsweise 50 % versteuert, so müssen 25 Geldeinheiten an den Fiskus fließen. Allein durch die Besteuerung kann dann auch die Handelsware nicht mehr wiederbeschafft werden.

Die Messung der Inflation nach dem Ersten Weltkrieg ist problematisch. Ab 1920 waren es zweistellige Inflationsraten, 1922 verlor die Währung gegenüber dem Dollar ca.

450 % und 1923 zum Höhepunkt waren die Größenordnung nicht mehr sinnvoll auszudrü-
cken (vgl. detailliert Holtfrerich 1980, S. 13 ff.). Die Diskussion über die entstehenden
Scheingewinne wurde lebhaft in der damals gerade entstehenden akademischen Betriebswirtschaftslehre geführt. Schmalenbach erkannte das Problem und forderte die Bindung
der Bilanzierung an einem Index, dem entweder Goldpreise oder Fremdwährungen als
Basis dienten (Schmalenbach 1921). Ein wesentlicher theoretischer Beitrag kam von Fritz
Schmidt, der der Begründer der organischen Bilanzauffassung war (Schmidt 1921). Die
Grundidee bestand darin, dass die historischen Anschaffungskosten in der Bilanz ersetzt
werden durch die Wiederbeschaffungswerte, also diejenigen Kosten, die aufzuwenden wären, um die gleichen Vermögensgegenstände wiederzuerlangen. Damit sollten Scheingewinne unterbunden werden. Schmidts Werke wurden inzwischen auch in der angelsächsischen Literatur als bahnbrechend rezipiert (z. B. Mattesich 1986).

Die Inflation wurde durch die Währungsreform 1923/24 beendet. Die Reichsregierung
Stresemann ersetzt die alte Währung durch einen Umtausch von 1 Billionen Mark in 1
Rentenmark. Die Rentenmark wurde besichert durch den Wert von Grund und Boden. Im
August 1924 wird die Reichsmark eingeführt, die im Gegensatz zur Rentenmark gesetzli-
ches Zahlungsmittel ist. Mit der Währungsreform gelingt es der Weimarer Republik Vertrauen zu gewinnen, der Grundstein für die goldenen 20er-Jahre wird gelegt (vgl. Stolper
1966).

Begleitet wird die Währungsreform durch neue Regeln für die Rechnungslegung. Unternehmen mussten zum 1. Januar 1924 eine Eröffnungsbilanz auf Basis der Inventur zum
31.12.1923 in Goldmark aufstellen. Die Goldmark war eine artifizielle Währung, die auf
10/42 des US-Dollars normiert wurde. Die Goldmark hatte nur einen Zweck: Sie sollte als
Basis für die Rechnungslegung dienen (Hoffmann und Detzen 2013, S. 380). Es gab dadurch die Möglichkeit, das Vermögen komplett neu zu bewerten. Die Anlehnung an die
historischen Anschaffungs- und Herstellungskosten als Bewertungsmaßstab wurde aufgegeben. Unternehmen konnten bei pessimistischer Betrachtung, Abwertungen vornehmen
(und damit auch ihre Vermögensteuerlast senken) und stille Reserven bilden. Positiv in die
Zukunft blickende Unternehmen konnten dahingegen die hohen Werte beibehalten (Spoerer 1996, S. 74 f.). In der zeitgenössischen Diskussion wurde diese Abkehr von den bislang
etablierten Regeln stark kritisiert (vgl. z. B. Schmalenbach 1924 oder Schmidt 1924). Mit
der Einführung der Reichsmark wurde das Prinzip wieder zurückgeändert: die Unternehmen mussten wieder zurück zum Prinzip der Anschaffungs- und Herstellungskosten in
ihren Bewertungen. Die einmalige Chance in der Goldmarkeröffnungsbilanz Bewertungen zu ändern musste also genutzt worden sein (Hoffmann und Detzen 2013, S. 380), denn
die geänderten Wertansätze konnten beibehalten werden.

Die goldenen Zwanziger gingen in der nächsten Krise zu Ende: 1929 begann die Weltwirtschaftskrise, die das ökonomisch noch immer geschwächte Deutschland auch durch
seine Abhängigkeit von ausländischem Kapital besonders hart traf (Borchardt 1982). In
der Folge wurde ebenfalls das Handelsrecht, insbesondere mit Blick auf die Aktiengesellschaften, die die bedeutendsten Arbeitgeber der Zeit waren, angepasst. 1931 wurde die
Verordnung des Reichspräsidenten über Aktienrecht, Bankenaufsicht und eine Steueram-

nestie als Notverordnung in Kraft gesetzt. Neben weitreichenden Publizitätsanforderun-
gen wurde insbesondere die Pflichtprüfung durch Externe in diesem Gesetz eingeführt.
Die Bewertungsregeln wurden durch eine Detaillierung des § 261 HGB geschärft: Das
Anlagevermögen wurde zu historischen Anschaffungs- und Herstellungskosten bewertet,
so dass weiterhin auch stille Reserven gebildet werden konnten. Das Umlaufvermögen
nach dem Niederstwertprinzip – entweder zu den Anschaffungs- oder Herstellungskosten
oder zu den Marktwerten (falls diese niedriger waren).

6.4.3   Die Entwicklung nach dem Zweiten Weltkrieg

Nach dem „Wirtschaftswunder", das kurz nach dem Ende des Zweiten Weltkriegs ein-
setzte, war es einer der Ziele der Bundesregierung die Aktienkultur zu stärken und Arbeit-
nehmer zu Aktionären zu machen. Dem sollte auch die Reform des Aktiengesetzes von
1965 dienen. Im Aktiengesetz fanden sich damals noch die Regeln für die bilanzielle Bewertung. Für Anlage- und Umlaufvermögen wurden die historischen Anschaffungskosten
als Wertobergrenze angegeben. Einer der Autoren des neuen Aktiengesetzes von 1965 argumentierte damit, dass diese Festlegung dazu diente, dass Aktionäre tatsächlich über die
Gewinnverteilung entscheiden konnten. Ohne die Wertobergrenze hätten Vorstände (gemeinsam mit den Aufsichtsräten) die Möglichkeit, Gewinne zu verstecken (Kropff 1992,
S. 292 f.).

Mit dem Bilanzrichtliniengesetz, dass eine EG Richtlinie in deutsches Recht umsetzte,
wurde die Bewertung über alle Rechtsformen in Deutschland vereinheitlicht. In der Richtlinie wurden ebenfalls die Anschaffungs- und Herstellungskosten als Bewertungsbasis
festgelegt, allerdings mit Öffnungsklauseln im Anlagevermögen für Wiederbeschaffungskosten in inflationären Situationen. Der deutsche Gesetzgeber unterließ es, die Öffnungs-
möglichkeiten zu nutzen. Vielmehr wurde die vorher für Aktiengesellschaften bestehende
Pflicht der Anschaffungskosten als Höchstwert auf alle anderen Rechtsformen ausgedehnt.
Lediglich Einzelkaufleute und Personenhandelsgesellschaften konnten in Ausnahmefällen
davon abweichen. Damit befand sich die deutsche Gesetzgebung in guter Gesellschaft: In
den USA und den meisten anderen Ländern war die Bewertung mit fair value nur selten
erlaubt und noch weniger praktiziert (Bushmann und Piotroski 2006).

Im September 1993 entschied sich die Daimler AG für eine Notiz an der New Yorker
Börse. Dies zog die Pflicht nach sich, auch einen Konzernabschluss nach den US GAAP
aufzustellen. Dies hatte Doppelarbeit zur Folge, da die Verpflichtung zur Aufstellung eines
deutschen Konzernabschlusses aufrechterhalten wurde. Zudem waren die Anleger ver-
wirrt, dass ein und derselbe Konzern unterschiedliche Ergebnisse ausgewiesen hatte. Der
Gesetzgeber reagierte darauf mit dem Kapitalaudnahmeerleichterungsgesetz von 1998,
dass die Möglichkeit für die befreiende Aufstellung eines Konzernabschlusses nach US-
GAAP bzw. IFRS erlaubte (Ballwieser 2018, S. 1). Seit 2005 besteht die Pflicht für bör-
senorientierte Konzerne ihren Konzernabschluss nach den IFRS aufzustellen. Das IASB
(International Accounting Standards Board), 1973 gegründeter privater Standard Setter,

möchte insbesondere nützliche Informationen für Investoren liefern. Dafür haben sie die kapitalmarktorientierte Sichtweise übernommen und damit die fair value Bewertung propagiert. Eine besondere Bedeutung bekommt dabei die Position des Goodwills, die aus der Kapitalkonsolidierung entsteht.

Mit dem Bilanzrechtsmodernisierungsgesetz (BilMoG) von 2009 änderte sich die Lage, die internationalen Maßstäbe wurden auch in Deutschland eingeführt. Seit der Einführung des BilMoG sind die Bewertungsmaßstäbe in § 255 Abs. 4 HGB bestimmt:

> Der beizulegende Zeitwert entspricht dem Marktpreis. Soweit kein aktiver Markt besteht, anhand dessen sich der Marktpreis ermitteln lässt, ist der beizulegende Zeitwert mit Hilfe allgemein anerkannter Bewertungsmethoden zu bestimmen. Lässt sich der beizulegende Zeitwert weder nach Satz 1 noch nach Satz 2 ermitteln, sind die Anschaffungs- oder Herstellungskosten gemäß § 253 Abs. 4 fortzuführen. Der zuletzt nach Satz 1 oder 2 ermittelte beizulegende Zeitwert gilt als Anschaffungs- oder Herstellungskosten im Sinn des Satzes 3.

Die Regelung entspricht weitgehend der Definition des fair value aus dem IFRS 13. Anzuwenden ist dieser Bewertungsmaßstab vor allem bei Wertpapieren und Finanzanlagen, also auch bei Unternehmen, die im Rahmen der Rechnungslegung bewertet werden müssen. Banken müssen alle Wertpapiere, die sie für Handelszwecke halten, nach dem Prinzip des fair values bewerten.

Auch die USA haben im Zuge des Konvergenzprojekts, nach denen die IFRS und die US-GAAP zueinander konvergieren sollen, die Bewertung nach dem fair value Prinzip weitgehend übernommen. Die Diskussion ist aber nach der Finanzkrise 2007 folgende wiederum heftig aufgeflammt, ob die Möglichkeit der Bewertung mit fair values dazu beigetragen hat, dass sich die Krise verschärft hat. Insbesondere Banken mussten ihre Wertpapiere in den impairment tests abschreiben (Markarian 2014, S. 37). Hier zeigt sich ein allgemeiner Konflikt. Historische Anschaffungskosten sind ein klarer, eindeutiger und verlässlicher Bewertungsmaßstab. Relevanter für Investoren sind allerdings Marktwerte. Allerdings sind diese wie im einleitenden Abschnitt ausgeführt nur für eine Minderheit der Vermögensgegenstände vorhanden. Aus diesem Grund ist eine andere Hauptkritiklinie die Manipulationsanfälligkeit des fair values: Durch die Berechnung von Werten z. B. mit der DCF-Methode ergibt sich die Möglichkeit, Verluste zu verstecken, insbesondere auch bei den Firmenwerten in den Konzernabschlüssen. Wie groß die Rolle tatsächlich war, die die Bewertung nach dem fair value Prinzip für die Banken- und Finanzkrise gespielt hat, ist letztlich schwer nachvollziehbar, so gibt es auch Stimmen, die der Bewertung keine wesentliche Rolle in der Krise zuschreiben (Laux und Leuz 2010, S. 114).

Die Debatte nach der Finanzkrise weist viele Parallelen zu der historischen Debatte in der ersten Hälfte des 20. Jahrhunderts auf (Markarian 2014, S. 44). In der ersten Hälfte des letzten Jahrhunderts standen sich die Befürworter des Anschaffungskostenprinzips und der Marktbewertung schon einmal gegenüber. Die Anschaffungskosten wurden dabei insbesondere als verlässlich angesehen. So heißt es bei May (1954, S. 3). Das „discounting of the future" wäre nicht akzeptabel. Dies wäre wie „counting chicks before they are hatched." Anders sehen es Zeitgenossen, die insbesondere den Wertunterschied zwischen dem Unter-

nehmenswert am Anfang und am Ende einer Periode als den ökonomischen Gewinn anse-
hen (so Paton 1929). Diese Auffassung erfordert zwingend eine marktnahe Bewertung. In
der Regulierung blieb es jedoch auch in den USA bei den historischen Anschaffungskosten. Die Diskussion zur Einführung der marktnahen Bewertung wurde wieder stärker geführt nach der amerikanischen Savings & Loans Krise in den 1980er-Jahren. Einige Institute hatten durch einen Missbrauch der historischen Anschaffungskosten Verluste
verschleiert: Wertpapiere wurden nicht auf den niedrigeren Marktwert abgeschrieben
(Johnson und Swieringa 1996). Im Ergebnis wurde für diejenigen Wertpapiere von Banken die Marktbewertung eingeführt, die für den kurzfristigen Verkauf bestimmt waren
(FAS 115). Der IAS 39 hatte eine ähnliche Herangehensweise an diese Vermögensgegenstände (Haswell und Evans 2018, S. 29).

6.5   Anwendung auf die Bewertung ganzer Unternehmen

Wie gesehen bekommt die fair value Bewertung immer dann eine große Bedeutung, wenn
innerhalb der Konzernkonsolidierung Firmenwerte entstehen und diese auf ihre Werthaltigkeit hin überprüft werden (impairment test). Goodwill-Abschreibungen können aufgrund
des riesigen Volumens, den Firmenwerte inzwischen in den Bilanzen deutscher und internationaler Konzerne haben, den operativen Gewinn eines Konzerns komplett aufzehren. Viele
Unternehmen verzichten vollkommen auf Goodwill-Abschreibungen (vgl. die Übersicht bei
Behringer 2018). Dieses Problem bekommt insbesondere dadurch Brisanz, da eine Situation, in der Goodwillabschreibungen notwendig werden normalerweise auch mit operativen
Verlusten verbunden ist: Dem Unternehmen geht es schlecht. In dieser Zeit muss dann auch
zwingend die bisher vernachlässigte Goodwill-Abschreibung durchgeführt werden. Der Anreiz für Unternehmen eine eigentlich gebotene Abschreibung in solchen Zeiten zu verschie-
ben ist mithin sehr groß. Dies kann dazu führen, dass Abschreibungen auf die immateriellen
Vermögensgegenstände erst dann vorgenommen werden, wenn sie unaufschiebbar sind und
dann eventuell das gesamte Eigenkapital eines Konzerns auffressen können.

Die Goodwills der 600 größten börsennotierten Unternehmen in Europa (FAZ 2018)
hatten 2018 ein Volumen von 1,5 Billionen Euro. Seit der Änderung der Bewertung von
planmäßiger Abschreibung auf den impairment test werden diese Vermögensgegenstände,
die ja keine realen Werte sondern lediglich Zukunftsaussichten enthalten, kaum noch abgeschrieben. Erhebliche Abschreibungen im Zuge eines wirtschaftlichen Abschwungs
werden die ausgewiesenen Gewinne der großen Konzerne erheblich vermindern. Dies
kann zu Vertrauensverlusten der Anleger führen, was wiederum zu einer neuen Finanz-
und Wirtschaftskrise führen kann.

Literatur

Anschütz A, von Völderndorff O (1867) Kommentar zum Allgemeinen Deutschen Handelsgesetz-
    buch. Palm & Enke, Berlin

Ballwieser W (2018) Fragwürdige Bilanzen – 1948, heute und in Zukunft? Betrieb 71:1–8

Barker R, Schulte S (2015) Representing the market perspective: fair value management for non-financial assets. Acc Organ Soc 56:1–16

Behringer S (2018) Konzerncontrolling, 3. Aufl. Springer, Wiesbaden

Berndt T (1998) Grundsätze passiver Rechnungsabgrenzung. Gabler, Wiesbaden

Böcking HJ, Gros M, Koch S (2015) Goodwill-Bilanzierung in der Diskussion. Erkenntnisse der empirischen Rechnungslegungsforschung zum Impairment-Only. Ansatz. Konzern 13:319–326

Borchardt K (1982) Wachstum, Krisen, Handlungsspielräume der Wirtschaftspolitik. Studien zur Wirtschaftsgeschichte des 19. und 20. Jahrhunderts. Vandenhoeck und Ruprecht, Göttingen

Boyd T, McCarthy IN (2002) (Goodwill amortization): financial statement. Bank Account Financ 79(2164):10–13

Bushmann R, Piotroski J (2006) Financial reporting incentives for conservative accounting: the influence of legal and political institutions. J Account Econ 42:107–148

Chastney JG (1975) True and fair view: a study of the history and meaning of true and fair and a consideration of the impact of the fourth directive. No. 6. Institute of Chartered Accountants in England and Wales

De la Porte JB (1808) Commentaire sur le Code de Commerce, Bd 1. Demonville, Paris

EFRAG (2016) What do we really know about goodwill and impairment? A quantitative study. Working paper, September 2016

Eisolt D (1992) US-amerikanische und deutsche Konzernrechnungslegung. Steuer- und Wirtschaftsverlag, Hamburg

FAZ (10. Februar 2018) Gefährliche Bilanzkosmetik. FAZ

Georgiou O, Jack L (2011) In pursuit of legitimacy: a history behind fair value accounting. Br Account Rev 43:311–323

Gray KR, Frieder LA, Clark GW (2007) Financial bubbles and business scandals in history. Int J Public Adm 30:859–888

Haaker A, Velte P (2014) Useful trends of German current value accounting? Glob Econ 2:125

Haswell S, Evans E (2018) Enron, fair value accounting, and financial crises: a concise history. Account Audit Account J 31:25–50

Hoffjan A (2009) Internationales controlling. Schäffer-Poeschel, Stuttgart

Hoffmann S, Detzen D (2013) The regulation of asset valuation in Germany. Account Hist 18:367–389

Holtfrerich CL (1980) Die deutsche Inflation 1914–1923. de Gruyter, Berlin

Howard SE (1932) Public rules for private accounting in France 1673 and 1807. Account Rev 7:91–102

Johnson L, Swieringa R (1996) Anatomy of an agenda decision: statement no. 115. Account Horiz 10(2):149–179

Kropff B (1992) Stille Rücklagen und Substanzerhaltung beim Übergang auf das Bewertungssystem des Aktiengesetzes 1965. In: Moxter A, Müller HP et al (Hrsg) Rechnungslegung – Entwicklungen bei der Bilanzierung und Prüfung von Kapitalgesellschaften, Festschrift Forster. IDW, Düsseldorf

Küting K (2000) Der Geschäfts- oder Firmenwert – ein Spielball der Bilanzpolitik. AG 45:97–106

Laux C, Leuz C (2010) Did fair-value accounting contribute to the financial crisis? J Econ Perspect 24(1):93–118

Luttermann C (2008) Über Vertragsverhältnisse und Bewertungsrecht: Geld, Zeitwert und internationaler Goldstandard. Finanzbetrieb 9:193–204

Markarian G (2014) The crisis and fair values: echoes of early twentieth century debates? Account Hist J 41:35–60

Mattesich RV (1986) Fritz Schmidt (1882–1950) and his pioneering work of current value accounting in comparison to Edwards and Bel's theory. Contemp Account Res 2:157–178

May GO (1954) Concepts of business income and their implementation. Q J Econ 68:1–18

Mehnert C, Rupertus H (2018) Goodwill-Bilanzierung in der internationalen Rechnungslegung. Aktueller Diskussionsstand und Entwicklungsperspektiven. Konzern 2018:162–170

Moxter A (1976) Bilanzlehre, 2. Aufl. Gabler, Wiesbaden

Moxter A (1979) Immaterielle Anlagewerte im neuen Bilanzrecht. Betriebs Berater 34:1102–1109

Moxter A (1998) Probleme des Geschäfts- oder Firmenwerts in der höchstrichterlichen Rechtsprechung. In: Matschke MJ, Schildbach T (Hrsg) Unternehmensberatung und Wirtschaftsprüfung. FS Sieben, Stuttgart, S 473–481

Partnoy F (2009) The match king. Profile Books, New York

Paton WA (1929) Accounting problems of the depression. Account Rev 3:187–191

Penndorf B (1966) Geschichte der Buchhaltung in Deutschland. Verlag der Wissenschaften, Frankfurt am Main. Nachdruck der 1. Aufl. Leipzig 1913

Savary J (1678) Der vollkommene Kauf- und Handelsmann. Johann Hermann Widerhold, Genf

Schildbach T (2015) Fair Value Accounting. Konzeptionelle Inkonsistenzen und Schlussfolgerungen für die Rechnungslegung. Vahlen, München

Schildbach T (2017) Der objektive Unternehmenswert: Ein Phantom als moderne Hydra. BFuP 69:257–274

Schmalenbach E (1921) Geldwertausgleich in der bilanzmäßigen Erfolgsrechnung. Zeitschrift für handelswissenschaftliche Forschung 7:244–246

Schmalenbach E (1924) Die Goldmarkbilanz. Zeitschrift für handelswissenschaftliche Forschung 18:1–20

Schmidt F (1921) Die organische Bilanz im Rahmen der Wirtschaft. Gloeckner, Leipzig

Schmidt F (1924) Die neuen Goldmarkbilanzen und die Goldmarkbuchführung. Z Betriebswirt 1:2–34

Schmidt K (1999) Handelsrecht, 5., neubearb. Aufl. Heymanns, Köln

Schmoeckel M, Maetschke M (2016) Rechtsgeschichte der Wirtschaft, 2. Aufl. Mohr Siebeck, Tübingen

Schneider D (2001) Betriebswirtschaftslehre – Bd 4: Geschichte und Methoden der Wirtschaftswissenschaft. Oldenbourg, München

Seicht G (1982) Bilanztheorien. Physica, Würzburg

Simon HV (1899) Die Bilanzen der Aktiengesellschaften und Kommanditgesellschaften auf Aktien, 3. Aufl. Guttentag, Berlin

Spoerer M (1996) Von Scheingewinnen zum Rüstungsboom. Die Eigenkapitalrentabilität der deutschen Industrieaktiengesellschaften 1925–1942. Nummer Beiheft 123 in VSWG Beihefte

Stolper G (1966) Deutsche Wirtschaft 1870–1940. Franz Mittelbach, Stuttgart

Strobel W (1998) Historische Entwicklung der Rechnungslegungspolitik. In: Freidank CC, Rössler S (Hrsg) Rechnungslegungspolitik. Springer, Berlin/Heidelberg, S 37–83

Ter VA (1929) Die Entwicklung der Bilanzauffassungen bis zum AHGB. ZfB 6:161–169

Wagenhofer A (2011) Towards a theory of accounting regulation. A discussion of the politicsof disclosure regulation along the economic cycle. J Account Econ 52:228–234

Yamey B (1997) Diversity in mercantile accounting in Western Europe, 1300–1800. In: Cooke TE, Nobes CW (Hrsg) The development of accounting in an international context. Routledge, New York, S 12–29

Anstatt eines Fazits – Die Herausforderungen und Chancen der Unternehmensbewertung in der Zukunft

Unternehmensbewertung ist ein Thema, dass die betriebswirtschaftliche Theorie und Praxis nicht nur seit Jahrzehnten sondern seit Jahrhunderten umtreibt. Vieles, was heute als besonders modern angesehen wird, ist schon von frühen Autoren propagiert worden. Ob die modernen Gurus von Marktwerten, Multiplikatoren oder anderen vermeintlichen Neuerungen von ihren Vorgängern wussten, weiß man nicht. Man hätte sich allerdings viel Mühe sparen können, wenn man sich gleich mit den historischen Quellen beschäftigt hätte. Vielfach gibt es als Lektion noch die negativen Folgen von heute wiederentdeckten Methoden als Lehre hinzu. Dies könnte viele Fehlentscheidungen vermeiden helfen. Dreh- und Angelpunkt der Diskussion in der Unternehmensbewertung in Theorie und Praxis früher und heute ist immer wieder die Diskussion um objektive und subjektive Werte. Objektive Werte sind verführerisch, da der Adressat eines Bewertungsgutachtens alles bekommt, was er möchte. Der Kaufpreis muss nicht mühsam verhandelt werden mit dem Risiko, dass man über den Tisch gezogen wird. Demnach wird von der Praxis immer wieder nach solchen Gutachten gefragt werden, auch wenn die Theorie schon lange gezeigt hat, dass objektive Werte analytisch nicht ermittelbar sind. In der Diskussion um diesen Konflikt werden immer wieder neue alte Verfahren aufleben gelassen, auch wenn sie jetzt unter anderen, dem Englischen entlehnten Namen, vermarktet werden.

Statt eines weitergehenden Fazits sollen am Ende dieses Buches 10 Thesen für zukünftige Entwicklungen, des immer jungen Themenbereichs Unternehmensbewertung stehen, die auch vielfältige neue Forschungsfelder ermöglichen können. Die vermeintliche „Königsdisziplin" (Brösel und Toll 2011) der Betriebswirtschaftslehre bietet viele Chancen, sich zu profilieren, auch entgegen des expliziten Rates des Nobelpreisträgers Merton Miller (Miller 1999), der dem deutschen Nachwuchs geraten hatte, Corporate Finance als Betätigungsfeld zu meiden.

© Springer Fachmedien Wiesbaden GmbH, ein Teil von Springer Nature 2020
S. Behringer, *Eine kurze Geschichte der Unternehmensbewertung*,
https://doi.org/10.1007/978-3-658-28703-0_7

1. Die DCF Verfahren werden weiterhin trotz ihrer erheblichen Mängel eine größere Verbreitung finden und das eigentlich für die klassischen Fragestellungen der Unternehmensbewertung überlegene Ertragswertverfahren mit individuellen Daten eher an den Rand drängen. Diese Entwicklung wird wesentliche beeinflusst durch die Marktmacht der amerikanischen Investmentbanken und Unternehmensberatungen. Außerdem haben englischsprachige Begriffe und scheinbar objektive Daten, die direkt vom Kapitalmarkt gewonnen werden können, einen „Coolness-Faktor", der einen unmittelbar wirkenden Anreiz auf viele Adressaten der Unternehmensbewertung hat. Das Ertragswertverfahren mit seinem ausgefeilten und in sich schlüssigen theoretischen Hintergrund, insbesondere einleuchtenden und klaren Wertkonzepten in der Funktionenlehre der Unternehmensbewertung, wird seltener zum Einsatz kommen.

2. Marktorientierte Verfahren wie Multiplikatoren haben eine enorme praktische Relevanz. Auch wenn sie theoretisch irrelevant sind, interessiert sich der Unternehmer für den Preis, den er für sein Unternehmen realisieren kann. Diese können mit Hilfe von Multiplikatoren besser vorhergesagt werden als mit Hilfe von analytischen Verfahren. Wichtig wird es für Berater sein, die mit diesen Multiplikatoren arbeiten, keine falschen Erwartungen zu wecken. Multiplikatoren sind ein Indiz für Preise, keine Vorhersage. Jedem Adressaten einer Multiplikatorbewertung muss klar sein, dass ein Multiplikator nur die momentanen Marktverhältnisse ausdrückt. Ein solcher Marktwert hat nur eine momentane Aussagekraft. Außerdem sind Unternehmen keine fungiblen Güter, sie sind individuelle Gesamtheiten von Gütern und Rechten. Da kein Unternehmen so ist wie ein anderes, wird sich die Vorhersage von Preisen trotz besserer analytischer Werkzeuge, die Korrelationen zwischen Unternehmenskennzahlen und auf dem Markt beobachteten Kaufpreisen suchen und bilden können, nicht verbessern lassen. Zudem wird aufgrund der Vertraulichkeit der Kaufpreise die Datenverfügbarkeit ein Problem bleiben, was sich ebenfalls nicht verbessern wird.

3. Für die Unternehmensplanung wird das Instrument der Predictive Analytics große Bedeutung erlangen. Predictive Analytics versucht durch die Analyse vergangener Daten eventuell unter Zuhilfenahme von externen Datenbeständen, Regelmäßigkeiten zu erkennen und dadurch zukünftige Entwicklungen vorherzusagen. Diese Vorgehensweise benötigt insbesondere Expertise in Informatik. Mit Predictive Analytics wird künftig schneller und genauer geplant werden können. Die Einzahlungsüberschüsse lassen sich mit dieser Technik deutlich fundierter vorhersagen. Man darf allerdings nicht blauäugig sein: Trotz aller Digitalisierung, die Zukunft bleibt ungewiss. Fehlplanungen liegen in der Natur der Sache und einen sicheren zukunftsorientierten Unternehmenswert gibt es nicht und wird es auch künftig niemals geben können.

4. Mit der größeren Bedeutung von Compliance und Regulierung bekommen diese Themenfelder auch eine wachsende Bedeutung für die Unternehmensbewertung. Unternehmensskandale haben einen Einfluss auf die Unternehmensbewertung, da sie regelmäßig die zukünftigen Einzahlungsüberschüsse negativ beeinflussen. Außerdem haften Geschäftsführer und Vorstände persönlich, auch wenn sie Verfehlungen der Vergangenheit decken. Dies gilt auch für Verfehlungen, die noch unter einem anderen

Management entstanden sind. Dies wird künftig Unternehmenstransaktionen mehr und stärker beeinflussen, als dies bislang der Fall war. Regeltreue wird nicht nur in der Legal Due Diligence eine Rolle spielen sondern auch in der Unternehmensbewertung.

5. Gesellschaftliche Megatrends wie der Klimaschutz müssen von Unternehmensbewertern stärker als Rahmenbedingung berücksichtigt werden. Hier ist zu erwarten, dass durch Regulierungen, öffentlichen Druck oder durch Preissetzungen (z. B. durch eine CO_2 Steuer) Unternehmenswerte verändert werden. Dies muss in den Prognosen von Unternehmenswerten berücksichtigt werden, sofern die Bewertungsobjekte in diesem Bereich eine Exposition haben.

6. Im internationalen Rahmen wird die Bedeutung der Besteuerung zunehmen. Die wachsende Internationalisierung der Liefer- und Leistungsbeziehungen und die damit einhergehende Komplexität multinational operierender Unternehmen stellen schon heute große Herausforderungen an die betriebswirtschaftliche Steuerung einerseits und an die angemessene und rechtskonforme Steuergestaltung andererseits. Zu einem der wichtigsten Themen der internationalen Besteuerungspraxis hat sich inzwischen die Festlegung von Transferpreisen zwischen verbundenen Unternehmen entwickelt. Bei international tätigen zu bewertenden Unternehmen verfängt die ursprüngliche Logik der Unternehmensbewertung nicht mehr: Unternehmen und Vergleichsobjekt unterliegen der gleichen steuerlichen Belastung. Da Zähler und Nenner gleichnamig sind, ist die Steuer unbeachtlich. Im Gegenteil steuerliche Gestaltungen gerade im internationalen Kontext beeinflussen Unternehmenswerte und betriebswirtschaftliche Gestaltungen – da sie häufig nur im Konzernzusammenhang funktionieren, muss eine stand alone Bewertung besonders sorgsam mit Auswirkungen der Besteuerung auf den Unternehmenswert umgehen. Aus diesem Grund wird steuerliche Expertise auch wichtiger für Unternehmensbewertungsgutachten.

7. Die Unternehmensbewertungstheorien auf Basis der Kapitalmarkttheorie werden immer elaborierter und komplexer. Dieses akademische Betätigungsfeld entfernt sich allerdings immer weiter von den praktisch relevanten Fragestellungen der Unternehmensbewertung. Das Gros der Bewertungsgutachten wird für kleine und mittlere Unternehmen erstellt. Mittelständische Unternehmer erwarten gut nachvollziehbare und begründete Bewertungsgutachten. Dazu sind einfache Bewertungsverfahren notwendig. Das spricht für die steigende Bedeutung von Multiplikatoren und anderen vereinfachten Verfahren. Es spricht aber gegen die Komplexität der Kapitalmarkttheorie und der auf ihr aufbauenden Methoden der Unternehmensbewertung.

8. Durch die wachsende Bedeutung der Unternehmensbewertung für das Rechnungswesen wird der Druck auf eine Standardisierung der Verfahren zunehmen. Neben den deutschen Standard IDW S 1, der vom Institut der Wirtschaftsprüfer in absehbarer Zeit (Stand: Januar 2020) überarbeitet werden wird, werden sicherlich internationale Standards treten. Erste Bemühungen durch das in London ansässige International Valuation Standards Council (IVSC) können den Weg weisen. Das IVSC hat sich das IFRSC als Vorbild genommen und will globale Standards zur Bewertung entwickeln. Hierfür gibt es erheblichen praktischen Bedarf, denn die grenzüberschreitende Be-

wertungspraxis wird durch grenzüberschreitende Unternehmentransaktionen immer bedeutender.

9. Die Goodwill-Blase in den Konzernbilanzen vieler großer Unternehmen, kann in einer potenziellen neuen Finanzkrise zur großen Schwierigkeit werden. Auch wenn der Konzernabschluss nicht als Maßstab für die Insolvenz eines Unternehmens dient, ist die Gefahr von großen Vermögensverlusten aber tatsächlich real. Dies kann Unternehmen in eine Schieflage bringen, es wird zu Dividendenkürzungen, Enttäuschungen von Anlegern und auch Meldungen über Entlassungen kommen, da diese an den Börsen zu Kurssteigerungen führen können und damit die negativen Wirkungen von hohen Abschreibungsbeträgen wieder auffangen. Die Geschichte kann sich hier wiederholen: Genau wie die Banken durch die Anwendung der fair value Bilanzierung in der jüngsten Finanzkrise stärker in Probleme gerutscht sind, so wird dies für alle Unternehmen in der nächsten größeren Krise eine Rolle spielen.

10. Unternehmensbewertungen bleiben ein wichtiges Instrument der laufenden Erfolgsmessung von Unternehmen. Das wertorientierte Controlling hat sich, trotz der in Kap. 5 dieses Buches dargestellten theoretischen Probleme in der Praxis bewährt. Ziele können an Manager damit leicht kommuniziert werden, auch die Messung der Zielerreichung ist vergleichsweise leicht. Die Methoden mit denen die Berechnungsformeln gefüllt werden, werden sich auch stärker digitalen Verfahren wie den Predictive Analytics bedienen. Hinzu kommt, dass gerade im Mittelstand der Verkauf des Unternehmens als Alterssicherung tatsächlich das Ziel des Unternehmers ist. Dann ist der Blick auf den Unternehmenswert praktisch das natürliche Ziel des Unternehmers, was auch im laufenden Geschäftsbetrieb betrachtet werden sollte.

Insgesamt kann man konstatieren, dass die Unternehmensbewertung keinesfalls an Bedeutung verlieren wird. Unternehmenstransaktionen bleiben ein Mittel, um Unternehmenswachstum zu generieren. Investoren werden verstärkt auf Unternehmen angewiesen sein. Private Equity Investoren sind an hohen Renditen interessiert, andere strategische Überlegungen oder gar emotionale Faktoren wie sie bei Mittelständlern eine Rolle spielen, sind hier eher weniger wichtig. Aus diesem Grund lassen sich hier Unternehmensbewertungen vergleichsweise einfach durchführen. Komplizierter sind Unternehmensbewertungen im Mittelstand. Hier gibt es zahlreiche nicht direkt monetäre Komponenten zu berücksichtigen. Dies macht es für einen Bewertungsgutachter schwerer. Dieses Problem wird noch zusätzlich erschwert, da im Mittelstand die Budgets in der Regel geringer sind als bei der Bewertung von Großunternehmen. Zahlenmäßig sind Bewertungen im Mittelstand deutlich bedeutender. Allein der anstehende Generationswechsel erhöht die Zahl der Unternehmensübernahmen, die dann auch bewertet werden müssen.

Es bleibt also viel zu tun: Unternehmensbewertung ist und bleibt ein Feld, in dem man neue Erkenntnisse finden kann. Eine exakte Wissenschaft ist es nicht: „Valuation is an art not a science" (Penman 2016, S. 3).

Literatur

Brösel G, Toll M (2011) Die Finanzmarktkrise im Lichte der Unternehmensbewertung – Diagnose und Befundbericht im Hinblick auf die krankende „Königsdisziplin". M&A Rev 22:257–263

Miller MH (1999) The history of finance. J Portf Manag 25:95–101

Penman S (2016) Valuation: the state of the art. Schmalenbach Bus Rev 17:3–23

The manufacturer's authorised representative in the EU is Springer
Nature Customer Service Centre GmbH, Europaplatz 3, 69115 Heidelberg,
Germany. If you have any concerns regarding our products, please
contact ProductSafety@springernature.com

Printed and bound by CPI Group (UK) Ltd, Croydon, CR0 4YY
28/04/2026
02098481-0016